簡単やみつき幸せレシピ

食費は削っても
幸福度は右肩上がり!

はらだ

KADOKAWA

実録！幸せレシピができるまで

なぜならお金がなくて
指輪が買えず…

僕はプロポーズで
失敗したはらだです

どよ〜ん

結婚してください

ムード作りフル無視の
散らかった部屋で、
花と手紙だけで
プロポーズしてしまい
ました…

ただ奇跡的に
妻はOK
してくれました

だがしかし!!

本当はきれいな
レストランで
プロポーズ
されたかったと…

やっぱり
30歳にもなって
指輪なしの
プロポーズは
キツかったか…
すくっ
あかん!
プロポーズ
やり直したい

よし、お金を貯めて
セカンドプロポーズ
するぞ〜!!
目標は
結婚記念日の
12月12日

それまでに
食費を削って
お金を貯めます
キリッ
キュッ
そんな僕の、妻の心をつかむ
幸せレシピを
紹介します!
簡単
ヘルシー
安い

セカンド
プロポーズまで
あと
275日

セカンド
プロポーズまで
あと
199日

はじめに

妻の心をつかむなら胃袋から

こんにちは！ はらだです！
この本は僕が妻にセカンドプロポーズするために、Instagramで発信してきたレシピの中で、人気のあったものをまとめた1冊です！

はじめに自己紹介させていただきます！ 僕は現在33歳、SNSでレシピを発信することを仕事にしています。
僕は約2年前に、妻にプロポーズしました。そのときは婚約指輪を用意することができず、花と手紙だけを用意し、散らかった部屋の中、ムード作りなどフル無視で結婚を申し込んでしまいました。その場では奇跡的にOKをもらって結婚できたのですが、後ほど妻の「きれいなレストランでプロポーズして欲しかったなー」という本音を知ることに…。
その言葉を聞いて、この先何十年か経ったあと、こんな心残りがあるようなプロポーズを残すのは悲しいなと強く思いました。プロポーズでやらかした苦い経験を、幸せな思い出に上書きするためにはどうすればよいか考えていたときに、偶然インターネットで「セカンドプロポーズ」という言葉を知り、僕も2回目のプロポーズを成功させようと決意しました。

セカンドプロポーズとは「家族」になって相手の存在が当たり前になってしまう中で、あらためて日々の感謝を相手に伝え、思いやる気持ち、家族の絆を深めていくものなのだそうです。タイミングには、特に決まりはありません。あえて言うなら家族に日頃の感謝の気持ちを伝えたいと思ったときが、セカンドプロポーズするタイミング。これを知ったとき、こんな素敵な言葉・イベントがあるなんて！ と衝撃的でした。

本書にはセカンドプロポーズに必要なものを買うための節約、そして僕のダイエットも兼ねた簡単ヘルシーレシピが満載です！「週3回作って」とリクエストするほど妻がどハマりした鶏むね南蛮や、妻に隠れて夜こそこそ作って食べていた豆腐めしなど、思い出いっぱいのレシピがたくさんあります（笑）。

料理が苦手な人でも簡単に作れるように試行錯誤してできたレシピなので、自由に楽しんでもらえたらうれしいです！

はらだ

フォロワーさん
20万人が見守って
くれています

セカンド
プロポーズまで
あと
51日

セカンド
プロポーズまで
あと
26日

CONTENTS

002 実録！ 幸せレシピができるまで
004 はじめに
008 はらだ'sレシピの人気のヒミツ
010 はらだ'sレシピのヘビロテアイテム
012 本書の使い方

PART 1
簡単うますぎ！ ふわ焼き

014 えのきツナ焼き
016 かに玉ふわ焼き
017 のり塩長いも焼き
018 豆腐チヂミ
019 とうもろこし焼き
020 ニラ玉ふわ焼き
021 はんぺんツナ焼き
022 枝豆チーズ焼き
023 納豆ふわ焼き
024 磯辺チーズ焼き
025 鮭しそ焼き
026 ニラ餃子風焼き
027 ツナキャベツ焼き
028 れんこんのり塩焼き
029 ねぎふわ焼き
030 長いもキムチ焼き
031 明石ふわ焼き
032 かにチーズ焼き
033 ツナ玉焼き
034 紅天ふわ焼き

PART 2
究極の やせレシピ

036 大根ふわもち
038 こんにゃくのやせステーキ
040 豆腐グラタン
042 エリンギの肉巻き
044 とんぺい焼き風
046 チキンナゲット
048 ブロ唐揚げ
049 キャベツペペロン
050 無限キャベツ
051 簡単茶碗蒸し
052 にんじんのサラダパスタ
053 ブロリーチーズ
054 ゆず茶大根
055 にんじんのツナ焼き
056 ツナもち大根
057 玉ねぎ漬け
058 サラダそうめん
059 鶏辛ねぎ煮そうめん
060 とろうまえのき丼
061 納豆ふわ丼

COLUMN
絶品やせスイーツ

062 バナナココア焼き
抹茶チーズ焼き

PART 3

爆食！

鶏むねレシピ

064 鶏しそチーズ焼き
066 鶏むねチャーシュー
068 マーボー鶏
070 鶏むね南蛮
072 ニラポン鶏
074 鶏トンテキ風
076 ヤンニョムチキン
078 お家で唐揚げスナック
080 極み鶏つくね
082 やみつき鶏
084 沼る油淋鶏（ユーリンチー）
086 ワンパン餃子
088 鶏ソーセージ
090 のり巻き鶏
092 鶏×厚揚げのうま辛炒め
094 鶏無水カレー
095 鶏ユッケ風丼
096 鶏むねポキ丼
097 鶏と白菜のとろ煮丼
098 鶏そぼろご飯

PART 4

激うま！

沼る麺＆ご飯

100 鶏キムチそうめん
102 さばポンご飯
103 焼きおにぎり茶漬け
104 天津そうめん
106 豆腐めし
108 こってりマシマシそうめん
110 沼る焼き蕎麦
112 なすの蒲焼き丼
114 カルボそうめん
115 かた焼きそうめん
116 鶏ガラそうめん
117 ぶっかけそうめん
118 豚梅そうめん
119 キム玉そうめん
120 キムチ納豆そうめん
121 白だしそうめん
122 担々そうめん
123 たらこそうめん
124 ごま玉塩おにぎり
125 大人のツナおにぎり
126 油うどん

127 おわりに
～セカンドプロポーズのその後は～

ブックデザイン：細山田光宣＋松本 歩
（細山田デザイン事務所）
撮影：北原千恵美
スタイリング：伊藤みき
撮影協力：池上悦美、磯村由貴恵
DTP：ニッタプリントサービス
校正：宮本香菜
編集協力：平井裕子
編集担当：今野晃子（KADOKAWA）

はらだ'sレシピの
人気のヒミツ

お金と手間はかけないけれど、激うまで笑顔になれて、なんならダイエットにもなる！
それが僕のレシピのモットーです。SNSでバズり、たくさんの人が好んで
作ってくれるようになりました。

うまみは増やしても材料も手間も減らして簡単!

なるべく少ない材料で手間をかけずに作るのが僕のレシピの特徴。その分、うまみのある食材を使ったりしておいしさをキープしています。オリジナルレシピのふわ焼きシリーズは、10分もあれば作れてSNSでも大人気!

混ぜて

焼くだけ

オリジナルレシピ
ふわ焼きがSNSで大バズリ

アレンジいろいろ！ ふわ焼きレシピは
P.13へ

はらだ'sレシピの特徴

- 少ない材料で作れる
- ほぼ10分で完成
- 包丁もまな板も不要

ふわ焼きの道具はこれだけ

材料を切るためのキッチンバサミ、混ぜるときに使うボウルとスプーン、焼くときに必要なフライパンがあれば、ふわ焼きも、それ以外のレシピもだいたい作れます。

2

食べ応え満点なのに ダイエット向きでヘルシー

こんにゃくや豆腐、野菜、きのこなどヘルシー食材を使ったレシピも人気です。これらのレシピを作って食べていたら、実際に2か月で11kgも体重がダウン！ 食べ応えがあって満足できるから、無理なく続けられます。

豆腐でグラタン

Before

91kg

After

80kg

2か月で－11kg！
やせレシピは
P.35へ

3

材料費2人分で約200円でも、おいしくて幸福度爆上がり

スーパーで安く買える食材を使っているので、材料費は1～2人分でほぼ200円。鶏むね肉や豆腐などを多用していますが、調理法や味付けを工夫すれば飽きずにおいしさもアップ。食費は削っても幸福度は右肩上がりです。

鶏むねレシピは
P.63へ
麺＆ご飯レシピは
P.99へ

はらだ's レシピの
ヘビロテアイテム

セカンドプロポーズに向けて食費節約に励んでいる僕にとって
欠かせない食材や調味料を紹介します。しかもどの家庭にもあるものばかり。
これで安く手間なくおいしく作れますよ。

食費節約に役立つ5大食材

もっちりするので
食べ応えアップ

1 片栗粉

一番ヘビロテしているのが片栗粉。豆腐や野菜など水分のある食材と組み合わせて使うことが多いです。少し入れるだけで、もっちりとして食べ応えのある食感に早変わり！

メインにも
つなぎにも
使えて万能

2 豆腐

1パック150g×3連で売られているタイプが1回ごとに使い切りやすくオススメ。そのまま煮るのはもちろん、ひき肉のかさ増しに使ったり、ホワイトソース代わりにもできます。

最安の肉といえば
やっぱりこれ！

3 鶏むね肉

肉はもっぱら鶏むね派。安くて高タンパク&ヘルシーなのでダイエット中も安心です。そぎ切りにしたり片栗粉をまぶしたりすればパサつきも抑えられ、やわらかく仕上がります。

すぐに使えて
いつでも価格が安定

4 ツナ缶

魚は高いし下処理も大変。そこで役立つのが、価格も安定しているうえ、すぐに使えて便利なツナ缶です。ストックしておき、油ごと使ってうまみも栄養も丸ごと摂取！

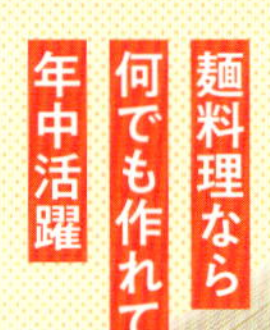

麺料理なら
何でも作れて
年中活躍

5 そうめん

そうめんを夏限定にするのはもったいない！ 煮たり炒めたり、和洋中に味付けするなどいろいろなアレンジが楽しめます。パスタやラーメンの代わりにもなって、何でも作れちゃう。

手間をカットしてくれる万能調味料

めんつゆ

しょうゆやみりん、だしなどで作られているので、和風の味付けに便利です。さらにキムチと合わせて韓国風、鶏ガラと合わせて中華風、粉チーズと合わせて洋風など使い勝手◎。

白だし

薄口しょうゆをベースに塩なども含まれ、めんつゆより塩分が高め。これ1つで味付けを決めたいときや、茶碗蒸しなどだしの香りとうまみを活かしたいレシピにオススメです。

焼き肉のタレ

しょうゆ、砂糖、にんにく、果汁などいろいろな味が混ざり合ったうまみたっぷりの調味液。そぼろの味付けや餃子の下味、ステーキソース、野菜の漬けダレなど幅広く使えます。

鶏ガラスープの素

鶏だけでなく野菜のエキスや塩分も含まれているので、コクのある味わい。スープのほか煮物や炒め物など使い道はいろいろ。中華料理はもちろん、和食や洋食にも合います。

塩こしょう（ミックス）

塩、こしょうをそれぞれ使わなくてもこれ1つでOK。メーカーにより独自の調味料がブレンドされ、ふりかけるだけで素材の味を引き立てます。下ごしらえにも仕上げにも便利。

調味酢

酢、砂糖、塩、だしがバランスよく配合されているので、味付けがラクチン。南蛮ダレや甘酢あん、サラダのドレッシングなど、酸味と甘みをつけたいレシピに重宝します。

これもオススメ！

にんにく・しょうが（チューブ）

何といってもすりおろす手間が省けて便利。材料欄には「○cm」と表記しているので、計量することなく目分量で使えます。

あおさ

青のりと比べて価格が安い分、たっぷり使っても安心です。ふわ焼きの生地に混ぜたり、トッピングに使えば風味もアップ。

はちみつ

砂糖より低カロリーなのに甘みが強いのが特徴。はちみつに含まれるポリフェノールは脂肪燃焼効果があるので、ダイエットにオススメ。

本書の使い方

PART 1

簡単うますぎ！ふわ焼き

インスタで計1500万回再生されたふわ焼きシリーズの中でも、一番人気のレシピ！

はらだ's ひと言コメント

食材のうまみたっぷり！タレなしでもイケる

えのきツナ焼き

材料（1～2人分）

絹ごし豆腐
　…小1パック(150g)
えのきたけ…½株(100g)
ツナ缶…1缶(70g)
A 片栗粉…大さじ3
　マヨネーズ…大さじ1
　塩こしょう(ミックス)
　　…少々
小ねぎ(小口切り)…適量

作り方

1. ボウルに豆腐、キッチンバサミで細かく切ったえのき、ツナを油ごと入れ、Aを加えて混ぜ合わせる。
2. フライパンに米油大さじ2(分量外)を熱し、1を大きめのスプーンですくって並べる。中火で片面につき約2分ずつ、両面に焼き色がつくまで揚げ焼きする。
3. 小ねぎをのせていただく。

腸活ができて
タンパク質も摂れる！
お弁当にもオススメ

Point

a　豆腐は水切り不要。えのきはキッチンバサミで切りながら加えれば、洗い物も減らせます。

b　材料は大きめのスプーンで混ぜ、そのまますくってフライパンに並べるだけ。成形の手間もなく簡単です。

014　015

はらだ's ひと言コメントもチェック！

レシピを作ったきっかけ、食べたときの妻の反応など、ちょっとしたエピソードや豆知識を書いています。読んでから作ると楽しめるかも!?

❶ 材料と作り方

本書のレシピは使う材料が少なめ。スーパーで手軽に買える食材や家にある調味料で作れるようにしています。作る工程もほぼ3ステップで完成するから簡単です。

❷ 材料の写真

PART1のふわ焼きは、材料がボウルに入った状態（混ぜ合わせる前）の写真を掲載しています。食材や調味料を下準備する際に参考にしてください。

❸ 作るときに注意するポイント

注意点や押さえておきたいポイントなどを解説しています。見開きページで掲載しているレシピは写真付きなので、確認しながら作ることができます。

- 計量単位は大さじ1＝15ml、小さじ1＝5mlです。
- 卵はMサイズを使用しています。
- めんつゆは2倍濃縮を使用しています。3倍濃縮を使用する場合は、2/3量に減らしてください。
- 油は基本的に米油を使用していますが、好みでサラダ油などに替えても構いません。
- 火加減は目安です。家庭用コンロ、IHヒーターなど機種により火力が異なりますので、様子を見て調節してください。
- 電子レンジの加熱時間は600Wを使用した場合の目安です。500Wの場合は1.2倍を目安に、様子を見ながら加熱時間を加減してください。

PART 1

簡単うますぎ！ ふわ焼き

豆腐と片栗粉でふわもち食感に仕上げるふわ焼き。
家にある食材や調味料を加えれば、アレンジは無限に楽しめます。
しかも混ぜて少しの油で揚げ焼きするだけなので、10分もあれば完成！

インスタで計1500万
回再生されたふわ焼き
シリーズの中でも、一
番人気のレシピ！
はらだ's
ひと言コメント
腸活ができて
タンパク質も摂れる！
お弁当にもオススメ

食材のうまみたっぷり！ タレなしでもイケる

えのきツナ焼き

材料（1～2人分）

絹ごし豆腐
…小1パック（150g）
えのきたけ…½株（100g）
ツナ缶…1缶（70g）
A
- 片栗粉…大さじ3
- マヨネーズ…大さじ1
- 塩こしょう（ミックス）…少々

小ねぎ（小口切り）…適量

作り方

1. ボウルに豆腐、キッチンバサミで細かく切ったえのき、ツナを油ごと入れ、Aを加えて混ぜ合わせる。
2. フライパンに米油大さじ2（分量外）を熱し、1を大きめのスプーンですくって並べる。中火で片面につき約2分ずつ、両面に焼き色がつくまで揚げ焼きする。
3. 小ねぎをのせていただく。

Point

a　豆腐は水切り不要。えのきはキッチンバサミで切りながら加えれば、洗い物も減らせます。
b　材料は大きめのスプーンで混ぜ、そのまますくってフライパンに並べるだけ。成形の手間もなく簡単です。

a

b

卵のふわふわな食感がうますぎる

かに玉ふわ焼き

材料（1～2人分）

絹ごし豆腐…小1パック（150g）
かに風味かまぼこ…4本
卵…1個
A 片栗粉…大さじ3
　鶏ガラスープの素
　　…小さじ1
ポン酢しょうゆ（ゆず風味）…適量

Point
かにかまは好きなだけ入れてOK。生地がゆるめなので、フライパンの中でやや広がります。無理にいっぺんに焼こうとすると生地がくっつくので注意。

作り方

1. ボウルに豆腐、ほぐしたかにかま、卵、Aを入れて混ぜ合わせる。
2. フライパンに米油大さじ2（分量外）を熱し、1を大きめのスプーンですくって並べる。中火で片面につき約2分ずつ、両面に焼き色がつくまで揚げ焼きする。
3. ポン酢しょうゆ（ゆず風味）につけていただく。

はらだ's ひと言コメント

王道の組み合わせ、かに玉！豆腐嫌いなお子さんも「パクパク食べた」とたくさんコメントをいただきました！

磯の風味と塩気がたまらない

のり塩長いも焼き

材料（1〜2人分）

絹ごし豆腐…小1パック（150g）
長いも…150g

A
片栗粉…大さじ3
あおさ…大さじ1
塩…少々

B 〈つけダレ〉
めんつゆ（2倍濃縮）、
白炒りごま…各適量

作り方

1. ボウルに豆腐、皮をむいて1cm角に切った長いも、Aを入れて混ぜ合わせる。
2. フライパンに米油大さじ2（分量外）を熱し、1を大きめのスプーンですくって並べる。中火で片面につき約2分ずつ、両面に焼き色がつくまで揚げ焼きする。
3. Bを混ぜたタレにつけていただく。

Point

長いもの皮むきはピーラーで。すりおろさず、ざっくり1cm角に切るだけのほうが食感も残っておいしい！ 青のりでも、もちろんOK。

あおさの香りと長いものシャキシャキした食感が相性バツグン！ さっぱりやみつきになります！

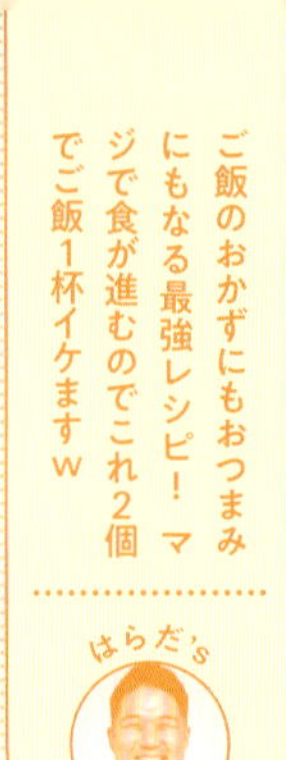

ご飯のおかずにもおつまみにもなる最強レシピ！マジで食が進むのでこれ2個でご飯1杯イケますw

はらだ's ひと言コメント

キムチ味のふわ焼きに
甘酸っぱ辛いタレが
最高にマッチ

こんがり揚げ焼きしてうま辛の味わい

豆腐チヂミ

材料（1～2人分）

絹ごし豆腐…小1パック(150g)
白菜キムチ…100g

A
片栗粉…大さじ3
めんつゆ（2倍濃縮）
…大さじ1

B〈つけダレ〉
調味酢(P.11参照)…大さじ2
こしょう…3ふり
ラー油…好みで適量

作り方

1. ボウルに豆腐、キムチ、Aを入れて混ぜ合わせる。
2. フライパンにごま油大さじ2（分量外）を熱し、1を大きめのスプーンですくって並べる。中火で片面につき約2分ずつ、両面に焼き色がつくまで揚げ焼きする。
3. Bを混ぜたタレにつけていただく。

Point

豆腐と片栗粉にキムチを加えて焼くと食感がチヂミのよう。小さく焼くと切り分ける手間もなく簡単です。端っこのカリカリ感がまたおいしい。

大人も子どももうれしいコーン入り

とうもろこし焼き

材料（1〜2人分）

絹ごし豆腐…小１パック（150g）
ホールコーン…１パック（50g）
A 片栗粉…大さじ３
　あおさ…大さじ１
　塩…ひとつまみ
めんつゆ（２倍濃縮）…適量

Point
コーンは使い切りタイプのパックを使ったので、そのままボウルに入れるだけ。缶詰の場合は汁気をきってから加えてください。

作り方

1. ボウルに豆腐、コーン、Aを入れて混ぜ合わせる。
2. フライパンに米油大さじ２（分量外）を熱し、1を大きめのスプーンですくって並べる。中火で片面につき約２分ずつ、両面に焼き色がつくまで揚げ焼きする。
3. めんつゆにつけていただく。

はらだ's ひと言コメント
フォロワーさんから「こんなレシピを思いつくなんて天才ですか？」と褒めてもらえたレシピ！

中華風の味付けがよく合う

ニラ玉ふわ焼き

材料（1～2人分）

絹ごし豆腐…小１パック(150g)
えのきたけ…½株(100g)
ニラ… 3本
卵… 1個

A
片栗粉…大さじ3
鶏ガラスープの素…小さじ2

B
〈つけダレ〉
しょうゆ、酢、ラー油、白炒りごま…各適量

作り方

1. ボウルに豆腐、キッチンバサミで細かく切ったえのきとニラ、卵を入れ、**A**を加えて混ぜ合わせる。
2. フライパンにごま油大さじ2(分量外)を熱し、**1**を大きめのスプーンですくって並べる。中火で片面につき約2分ずつ、両面に焼き色がつくまで揚げ焼きする。
3. **B**を混ぜたタレにつけていただく。

Point

えのきもニラもキッチンバサミで切れば、包丁やまな板は必要なし。揚げ焼きする際は、ごま油を使うと風味よく仕上がります。

はらだ's ひと言コメント

妻のお通じをよくするために考えた、えのきを入れて腸活にもなる健康レシピ！

はんぺんがプクッと
ふくらんで
ボリュームマシマシ

魚嫌いの子どももこれなら大丈夫

はんぺんツナ焼き

材料（1～2人分）

絹ごし豆腐…小１パック（150g）
はんぺん…１枚（90g）
ツナ缶…１缶（70g）
A 片栗粉…大さじ３
　あおさ、マヨネーズ
　　…各大さじ１
ポン酢しょうゆ（ゆず風味）…適量

作り方

1. ボウルに豆腐、小さくちぎったはんぺん、ツナを油ごと入れ、Aを加えて混ぜ合わせる。
2. フライパンに米油大さじ２（分量外）を熱し、1を大きめのスプーンですくって並べる。中火で片面につき約２分ずつ、両面に焼き色がつくまで揚げ焼きする。
3. ポン酢しょうゆ（ゆず風味）につけていただく。

Point
はんぺんは手でちぎって入れるだけ。ツナは油ごと加えれば、コクやうまみをプラスしてくれます。つけダレはポン酢しょうゆの酸味がピッタリ。

はんぺんは低脂質なのに食べ応えがあって、ダイエットにもめっちゃオススメです！

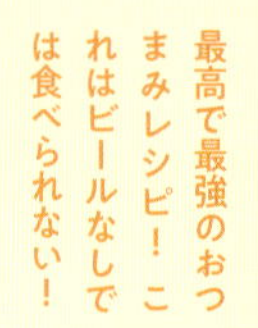

最高で最強のおつまみレシピ！これはビールなしでは食べられない！

おいしいおつまみをギュギュッと詰め込んだような一品

うまみとコクと塩気で味わい深い

枝豆チーズ焼き

材料（1～2人分）

絹ごし豆腐…小１パック（150g）
冷凍むき枝豆…50g
ベビーチーズ…１個
A｜片栗粉…大さじ３
　｜塩昆布…10g
めんつゆ（２倍濃縮）…小さじ１

作り方

1. ボウルに豆腐、解凍した枝豆、小さくちぎったチーズを入れ、Aを加えて混ぜ合わせる。
2. フライパンに米油大さじ２（分量外）を熱し、1を大きめのスプーンですくって並べる。中火で片面につき約２分ずつ、両面に焼き色がつくまで揚げ焼きする。
3. めんつゆにつけていただく。

Point
むき枝豆を使えば、さやから出す手間もなくラクチン。チーズは固形タイプをちぎって使うのがポイント。溶けずに食感が残っておいしく仕上がります。

これなら夜食に食べても罪悪感ゼロ

納豆ふわ焼き

材料（1〜2人分）

絹ごし豆腐…小１パック（150g）
納豆（タレ付き）…１パック
白菜キムチ…100g
ピザ用チーズ…50g
片栗粉…大さじ３

A〈つけダレ〉
調味酢（P.11参照）…大さじ２
こしょう…３ふり
ラー油…好みで適量

作り方

1. ボウルに豆腐、付属のタレと混ぜ合わせた納豆を入れる。キムチ、チーズ、片栗粉を加えて混ぜ合わせる。
2. フライパンに米油大さじ２（分量外）を熱し、1を大きめのスプーンですくって並べる。中火で片面につき約２分ずつ、両面に焼き色がつくまで揚げ焼きする。
3. Aを混ぜたタレにつけていただく。

Point
納豆はよくかき混ぜるとまろやかになって、うまみもアップ。キムチもチーズも発酵食品なので、この組み合わせは腸内環境を整えてくれます。

発酵食品の掛け合わせでうまみがとんでもないことに！

はらだ's ひと言コメント
台所の換気扇をつけ忘れてこれを焼いたら、部屋中が納豆の匂いになって、妻にめっちゃ怒られましたw

ちくわがゴロゴロ食べ応えバツグン

磯辺チーズ焼き

材料（1～2人分）

絹ごし豆腐…小1パック（150g）
ちくわ…4本
ベビーチーズ…1個
A　片栗粉…大さじ3
　　あおさ…大さじ1
ポン酢しょうゆ（ゆず風味）…適量

Point
ちくわを斜め切りにして存在感を出せば、ボリューム満点おかずに。ポン酢しょうゆをつけなくてもおいしいので、そのままお弁当に入れるのもオススメ。

作り方

1. ボウルに豆腐、キッチンバサミで斜め切りにしたちくわ、小さくちぎったチーズを入れ、Aを加えて混ぜ合わせる。
2. フライパンに米油大さじ2（分量外）を熱し、1を大きめのスプーンですくって並べる。中火で片面につき約2分ずつ、両面に焼き色がつくまで揚げ焼きする。
3. ポン酢しょうゆ（ゆず風味）につけていただく。

ふわもち衣がついたちくわ天のようであおさとチーズの相性◎

はらだ's ひと言コメント
妻が食べた瞬間「これは飲まないけんじゃろー！」って言ってましたw

実はこれ…コンビニのおにぎりを見て思いついたレシピなんです。ほんとに間違いない組み合わせ！

はらだ's ひと言コメント

鮭フレークをIN！
ふわ焼きが
手軽な魚レシピに

爽やかな大葉の香りが鮭とマッチ

鮭しそ焼き

材料（1～2人分）

絹ごし豆腐…小1パック(150g)
鮭フレーク…大さじ2
大葉…5枚
A 片栗粉…大さじ3
　白炒りごま…大さじ1
ポン酢しょうゆ(ゆず風味)…適量

Point

鮭フレークなら焼く手間もほぐす手間もなく簡単。大葉はまとめて折りたたんでキッチンバサミで切ればOK。白ごまもいいアクセントになっています。

作り方

1. ボウルに豆腐、鮭フレーク、キッチンバサミで細切りにした大葉を入れ、Aを加えて混ぜ合わせる。
2. フライパンにごま油大さじ2(分量外)を熱し、1を大きめのスプーンですくって並べる。中火で片面につき約2分ずつ、両面に焼き色がつくまで揚げ焼きする。
3. ポン酢しょうゆ(ゆず風味)につけていただく。

ひき肉とニラで餃子みたいな味わい

ニラ餃子風焼き

材料（1〜2人分）

絹ごし豆腐…小１パック（150g）
鶏むねひき肉…50g
ニラ…３本

A
片栗粉…大さじ３
鶏ガラスープの素…小さじ１
にんにく・しょうが（チューブ）…各２cm

B 〈つけダレ〉
調味酢（P.11参照）…大さじ２
こしょう…３ふり
ラー油…好みで適量

作り方

1. ボウルに豆腐、ひき肉、キッチンバサミで細かく切ったニラを入れ、**A**を加えて混ぜ合わせる。
2. フライパンにごま油大さじ２（分量外）を熱し、**1**を大きめのスプーンですくって並べる。中火で片面につき約２分ずつ、両面に焼き色がつくまで揚げ焼きする。
3. **B**を混ぜたタレにつけていただく。

Point

ヘルシーな豆腐と鶏ひき肉に香味野菜を加え、ごま油で揚げ焼きにするのがおいしさのポイント。にんにくとしょうがはチューブを使えばラクチンです。

ガツンと食欲をそそるトッピング

ツナキャベツ焼き

材料（1～2人分）

絹ごし豆腐…小1パック(150g)
キャベツ…2～3枚(100g)
ツナ缶…1缶(70g)
紅しょうが…大さじ2

A
片栗粉…大さじ3
あおさ…大さじ1
鶏ガラスープの素…小さじ1

B
〈トッピング〉
お好み焼きソース、マヨネーズ、かつお節…各適量

作り方

1. ボウルに豆腐、細切りにしたキャベツ、ツナを油ごと入れ、紅しょうが、Aを加えて混ぜ合わせる。
2. フライパンに米油大さじ2（分量外）を熱し、1を大きめのスプーンですくって並べる。中火で片面につき約2分ずつ、両面に焼き色がつくまで揚げ焼きする。
3. Bを順にかけていただく。

Point
生地は豆腐と片栗粉で具材はキャベツとツナ。一般的なお好み焼きと比べて低カロリー&低糖質に仕上がります。小さく焼けば切る手間もなく食べやすい！

はらだ's ひと言コメント
ヘルシーなお好み焼き風レシピ！ 食べ応えがあってキャベツで食物繊維も摂れて、妻も大喜び！

お弁当にもおつまみにもピッタリ

れんこんのり塩焼き

材料（1～2人分）

絹ごし豆腐…小1パック（150g）
れんこん…100g
A｜片栗粉…大さじ3
　｜あおさ…大さじ1
　｜塩…少々
しょうゆ、わさび（チューブ）
…各適量

Point

れんこんは歯応えが残るよう、あまり細かく切らなくてOK。わさびをちょんとつけながらしょうゆに絡めて食べると、磯の風味とよく合います。

作り方

1. ボウルに豆腐、皮をむいて小さめの乱切りにしたれんこんを入れ、Aを加えて混ぜ合わせる。
2. フライパンに米油大さじ2（分量外）を熱し、1を大きめのスプーンですくって並べる。中火で片面につき約2分ずつ、両面に焼き色がつくまで揚げ焼きする。
3. しょうゆにわさびを添え、つけていただく。

はらだ's ひと言コメント

「女子はみんなれんこんが大好きじゃけぇなぁ～」と妻が大絶賛！

ねぎには脂肪燃焼効果があるよと妻に教えたら「いっぱい食べな！」って言ってくれる姿、めちゃかわでした！w

小ねぎとかつお節の風味が香ばしく生地にしみ渡る

簡単でシンプル。でも最高にうまい

ねぎふわ焼き

材料（1～2人分）

絹ごし豆腐…小１パック（150g）
小ねぎ（小口切り）…適量

A
片栗粉…大さじ３
かつお節…小１パック（２g）

B 〈つけダレ〉
ポン酢しょうゆ（ゆず風味）…適量
七味唐辛子…少々

作り方

1. ボウルに豆腐、小ねぎ、**A**を入れて混ぜ合わせる。
2. フライパンに米油大さじ２（分量外）を熱し、**1**を大きめのスプーンですくって並べる。中火で片面につき約２分ずつ、両面に焼き色がつくまで揚げ焼きする。
3. **B**を混ぜたタレにつけていただく。

Point
小ねぎはキッチンバサミで切るとラクチンですが、市販の刻みねぎを使うとさらに手間が省けます。タレは七味をプラスしてピリ辛にするとおいしい！

長いもの食感とキムチの辛みをふわもち生地が包み込む

白いご飯もビールも止まらない

長いもキムチ焼き

材料（1〜2人分）

絹ごし豆腐…小1パック（150g）
長いも…100g
白菜キムチ…100g
片栗粉…大さじ3
A〈つけダレ〉
調味酢（P.11参照）…大さじ2
こしょう…3ふり
ラー油…好みで適量

作り方

1. ボウルに豆腐、皮をむいて1cm角に切った長いも、キムチを入れ、片栗粉を加えて混ぜ合わせる。
2. フライパンにごま油大さじ2（分量外）を熱し、1を大きめのスプーンですくって並べる。中火で片面につき約2分ずつ、両面に焼き色がつくまで揚げ焼きする。
3. Aを混ぜたタレにつけていただく。

Point
長いもとキムチは和えるだけで一品になりますが、豆腐と片栗粉を混ぜて揚げ焼きするとうまさがバージョンアップ。甘酸っぱいタレも最高にマッチ！

たこの代わりにちくわでコスパ最強

明石ふわ焼き

材料（1～2人分）

絹ごし豆腐…小1パック（150g）
ちくわ…2本
卵…1個
天かす…大さじ1
小ねぎ（小口切り）…適量
A 片栗粉…大さじ3
白だし…大さじ1
B 〈つけダレ〉
めんつゆ（2倍濃縮）、
湯…各適量（1：2）
七味唐辛子…少々

作り方

1. ボウルに豆腐、キッチンバサミで輪切りにしたちくわ、卵、天かす、小ねぎを入れ、**A**を加えて混ぜ合わせる。
1. フライパンに米油大さじ2（分量外）を熱し、**1**を大きめのスプーンですくって並べる。中火で片面につき約2分ずつ、両面に焼き色がつくまで揚げ焼きする。
3. **B**を混ぜたタレにつけていただく。

Point
たこが入っていなくても、ちくわで食感を出し、天かすや小ねぎ、白だしを生地に混ぜれば、まるで明石焼きの味わい。つけダレはめんつゆで手軽に。

うますぎるつけダレは
薄くのばしためんつゆに
七味がアクセント

明石焼きをお家で再現！卵を入れたらよりふわふわな食感がやみつきになる！

クセがないからパクパク食べられる

かにチーズ焼き

材料（1～2人分）

絹ごし豆腐…小１パック（150g）
かに風味かまぼこ…３本
ベビーチーズ…１個
A 片栗粉…大さじ３
　鶏ガラスープの素…小さじ１
しょうゆ、わさび（チューブ）…各適量

作り方

1. ボウルに豆腐、ほぐしたかにかま、小さくちぎったチーズを入れ、Aを加えて混ぜ合わせる。
2. フライパンに米油大さじ２（分量外）を熱し、1を大きめのスプーンですくって並べる。中火で片面につき約２分ずつ、両面に焼き色がつくまで揚げ焼きする。
3. しょうゆにわさびを添え、つけていただく。

Point

つけダレはお好みでOK。わさびをピリッときかせて食べると大人の味わい。また、ポン酢しょうゆ（ゆず風味）につけて食べると、かにの風味が引き立ちます。

少ない食材でこのうまさ！
給料日前の
ピンチ時にも活躍

はらだ's ひと言コメント

かにかまとチーズはなかなかなかった組み合わせ。やさしい味わいがめちゃくちゃうまい！

はらだ's ひと言コメント

子どもから大人まで大好きな味で手軽に作れて、おやつにもオススメのレシピ！

ツナを油ごと使って
コクうま&卵入りで
ふんわり感アップ

ツナで作るナゲットみたいな味

ツナ玉焼き

材料（1～2人分）

絹ごし豆腐…小1パック(150g)
ツナ缶…1缶(70g)
卵…1個
A｜片栗粉…大さじ3
　｜鶏ガラスープの素…小さじ1
ポン酢しょうゆ(ゆず風味)…適量

作り方

1. ボウルに豆腐、ツナを油ごと入れ、卵、Aを加えて混ぜ合わせる。
2. フライパンに米油大さじ2(分量外)を熱し、1を大きめのスプーンですくって並べる。中火で片面につき約2分ずつ、両面に焼き色がつくまで揚げ焼きする。
3. ポン酢しょうゆ(ゆず風味)につけていただく。

Point

ポン酢しょうゆにつけて食べるほか、しょうゆ＋酢＋ラー油で餃子風にしてもおいしいです。つけダレも日によってアレンジして楽しんで。

はらだ's ひと言コメント

紅しょうがのシンプルな味付けがたまらん！周りをカリッカリに焼くのがオススメ！

ふわふわのはんぺんと風味のよい紅しょうがをカリッと仕上げて

紅しょうがの爽やかな辛みがアクセント

紅天ふわ焼き

材料（1～2人分）

絹ごし豆腐…小１パック（150g）
はんぺん…１枚（90g）
紅しょうが…大さじ２
天かす…大さじ１
A｜片栗粉…大さじ３
　｜マヨネーズ…小さじ１
めんつゆ（２倍濃縮）…適量

Point

はんぺんは小さくちぎると生地になじみやすくなります。紅しょうがは多ければ多いほどおいしい。さらに天かすと少しのマヨネーズでコクをプラスしました。

作り方

1. ボウルに豆腐、小さくちぎったはんぺん、紅しょうが、天かすを入れ、Aを加えて混ぜ合わせる。
2. フライパンに米油大さじ２（分量外）を熱し、1を大きめのスプーンですくって並べる。中火で片面につき約２分ずつ、両面に焼き色がつくまで揚げ焼きする。
3. めんつゆにつけていただく。

PART 2

究極の やせレシピ

野菜をたっぷり使ったり、こんにゃくや豆腐といったヘルシー食材を使ったり。おいしくて食べ応えも満点のやせレシピをご紹介。このレシピを2か月食べ続けた結果、僕は体重が11kgも減りました！

大根には脂肪を分解し、消化してくれる効果があるので、いくら食べてもゼロカロリーのはず！

もっちもちの食感で腹持ちバツグン

大根ふわもち

材料（1〜2人分）

大根…⅓本（300g）

A
- 片栗粉…大さじ3
- あおさ…大さじ2
- 塩…小さじ½

ポン酢しょうゆ（ゆず風味）
…適量

作り方

1. 大根は皮をむいてせん切りにし、ボウルに入れ、Aを加えて混ぜ合わせる。
2. フライパンに米油大さじ3（分量外）を熱し、1を入れ、生地が広がらないよう真ん中に寄せながら中火で焼き色がつくまでしっかり揚げ焼きする。
3. 生地が固まったら裏返し、焼き色がつくまで揚げ焼きする。格子状にひと口大に切り、ポン酢しょうゆ（ゆず風味）につけていただく。

Point

a　材料は大根、片栗粉、あおさ、塩の4つ。スプーンで混ぜて焼くだけなので簡単です。
b　生地は真ん中に寄せるようにして厚みを出すともっちり仕上がります。しっかり焼き色がついてから裏返せば崩れません。

a

b

にんにくチップと焼き肉のタレで味わいもステーキのよう

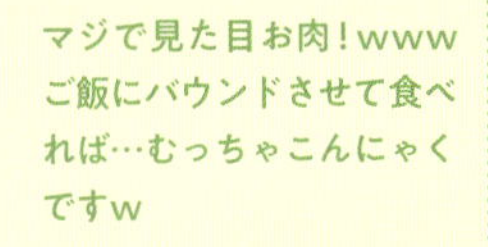

サーロインステーキを完全再現！

こんにゃくのやせステーキ

材料（1～2人分）

こんにゃく…1枚（200g）
にんにく…1かけ
塩…小さじ½
焼き肉のタレ…大さじ2
小ねぎ（小口切り）…好みで適量

作り方

1. こんにゃくは表面に斜め格子状の切り込みを入れ、1～2cm幅に切る。塩をもみ込み、洗って水気をふき取る。にんにくは薄切りにする。
2. フライパンに米油大さじ1（分量外）とにんにくを入れ、中火でこんがりと焼き色をつけたら取り出す。
3. 空いたフライパンにこんにゃくを並べ、中火で両面に焼き色がつくまで焼く。焼き肉のタレを加え、汁気がなくなるまで絡める。好みで小ねぎと2のにんにくをのせていただく。

Point

a　こんにゃくは斜め格子状に切り込みを入れることで味がしみ込みやすく、網目模様が本物の牛ステーキのように見えます。
b　しっかり焼いて水分を飛ばすと食感もお肉に近づき、歯応えが出て満足感のある仕上がりに。

a

b

めんどくさい作業は一切なし！簡単でヘルシー＆ダイエットの強い味方！
はらだ's ひと言コメント
淡泊な味の豆腐がとろとろのグラタンに！ダイエット中でも安心

ホワイトソースなしで簡単ヘルシー

豆腐グラタン

材料（1～2人分）

絹ごし豆腐…小１パック（150g）
冷凍ブロッコリー…100g
冷凍えび…50g
粉末カップスープ（ポタージュ）
…１袋
ピザ用チーズ…50g

作り方

1. 冷凍ブロッコリー、冷凍えびは袋の表示通りに解凍する。
2. グラタン皿に豆腐を入れ、カップスープの粉末を加えて混ぜ合わせ、平らにならす。１をのせてチーズを散らし、ラップをかけずに電子レンジ（600W）で２分加熱する。
3. さらにオーブントースターでこんがり焼き色がつくまで焼く。

Point

a　絹ごし豆腐にカップスープの粉末を混ぜるだけでホワイトソースに大変身。なめらかでコクのあるグラタンが手軽に作れます。
b　トッピングするのは冷凍ブロッコリーと冷凍えびなので、下ごしらえの手間もなし！

コリコリとした食感のエリンギを豚バラで巻いてジューシーに

はらだ's ひと言コメント

このレシピ、バーベキューで作ると炭の匂いもついて正直優勝です！

薄切り肉がボリュームおかずに変身

エリンギの肉巻き

材料（1～2人分）

エリンギ…３本(100g)
豚バラ薄切り肉…200g
焼き肉のタレ…大さじ１～２
白炒りごま…適量

作り方

1. エリンギは大きいものは縦４等分に、小さいものは縦２等分に裂き、それぞれ豚肉を巻きつける。
2. フライパンにごま油大さじ１(分量外)を熱し、**1**を巻き終わりを下にして並べる。中火で転がしながら焼き、全体に焼き色をつける。
3. 余分な油をふき取って焼き肉のタレを加え、汁気がなくなるまで絡める。白ごまをふっていただく。

Point

a　エリンギは均等に火が入るよう、大きいものは縦4等分、小さいものは縦2等分に手で裂き、太さを均一にします。
b　巻き終わりを下にしてフライパンに入れ、最初に焼きかためると肉がはがれにくいです。

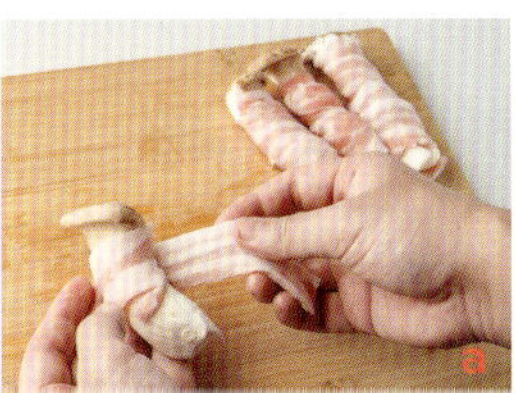

卵とツナとキャベツの
3食材で思い立ったら
すぐできる！
はらだ's
ひと言コメント
レンジで作れるのに香ばしく、ご飯が進むコスパ最強おかず！

レンジでできるから油も使わず低カロリー

とんぺい焼き風

材料（1～2人分）

卵…1個
キャベツ（せん切り）…適量
ツナ缶…½缶（35g）
A〈トッピング〉
お好み焼きソース、
マヨネーズ、あおさ
…各適量

作り方

1. 耐熱皿にラップを敷き、溶き卵を円形に広げ、キャベツ、ツナを油ごと順にのせる。もう1枚ラップをかけ、電子レンジ（600W）で1分加熱する。
2. 上のラップを外し、下のラップごと卵を折りたたんで具材を包み込む。
3. 下のラップも外し、Aを順にかけていただく。

Point

a　耐熱皿は丸くて縁のあるタイプだと溶き卵が円形に広がりやすくて◎。キャベツは市販のカット野菜を使うとラクチン。
b　奥側のラップを持ち上げ、卵をひと巻きして具材を包み込みます。

a

b

はらだ's
ひと言コメント
高タンパクなナゲットで、脂肪を燃やして筋肉つけちゃいマッスル！
ふわっとやわらか！
カレー風味が
食欲をそそる味わい

鶏むね肉と豆腐で作った低脂質おかず

チキンナゲット

材料（1～2人分）

A
- 鶏むねひき肉…150g
- 絹ごし豆腐…小1パック（150g）
- 卵…1個
- 片栗粉…大さじ3
- カレー粉…小さじ1
- 塩こしょう（ミックス）…少々

トマトケチャップ、マヨネーズ…各適量

作り方

1. ボウルにAを入れて混ぜ合わせる。
2. フライパンに米油大さじ2（分量外）を熱し、1を大きめのスプーンですくって並べる。中火で片面につき約2分ずつ、両面に焼き色がつくまで揚げ焼きする。
3. ケチャップやマヨネーズにつけていただく。

Point

a ひき肉と豆腐は1：1。さらに卵も加えてふんわりやわらかなナゲットに仕上げます。カレー粉には代謝をアップさせる効果があり、ダイエット向き。

b 油はたくさん使わず、大さじ2で揚げ焼きにすればOK。

a

b

冷凍ブロッコリーが止まらない味に

ブロ唐揚げ

材料（1～2人分）

冷凍ブロッコリー…200g

A
- しょうゆ、みりん…各小さじ1
- にんにく（チューブ）… 2cm

片栗粉…大さじ3

作り方

1. ボウルに冷凍ブロッコリーを入れてラップをかけ、電子レンジ（600W）で2分加熱する。**A**を加えて混ぜ合わせ、片栗粉を全体にまぶす。
2. フライパンに米油大さじ3（分量外）を熱し、**1**を並べ、全体に焼き色がつくまで揚げ焼きする。

Point

下味をつけてから、よく色づくまで揚げ焼きするのがコツ。水っぽくなりがちな冷凍野菜に調味料が絡み、カリッとジューシーに仕上がります。

夜食にしてもこれなら太らない

キャベツペペロン

材料（1～2人分）

キャベツ… 2～3枚（100g）
ツナ缶… 1缶（70g）
A
- 赤唐辛子（小口切り）…ひとつまみ
- 塩…少々
- にんにく（チューブ）… 3cm

作り方

1. キャベツはせん切りにする。
2. フライパンにツナの油だけを入れて熱し、1を中火で炒める。しんなりしたらAを加えて炒め、香りが立ったらツナを加えてさっと炒め合わせる。

Point

ツナの油を炒め油として使用。ツナは炒めすぎるとボソボソになってしまうので、最後に加えると◎。キャベツはもっとたくさん入れてもOK。

作り置きしておけば小腹がすいたときに◎

無限キャベツ

材料（作りやすい分量）

キャベツ…½個（500〜600g）

A
- 塩…小さじ½
- 鶏ガラスープの素、白だし…各小さじ1

七味唐辛子…好みで適量

作り方

1. キャベツはざく切りにする。
2. フライパンに米油大さじ1（分量外）を熱し、1を中火で炒め、しんなりしたらAを加えて炒め合わせる。好みで七味をふっていただく。

Point

キャベツは葉をはがさずに、かたまりのままざく切りにしたほうがラク。切ったあとは洗って水気をきってから炒めて。余った分は冷蔵保存を！

レンジで5分もあれば作れる神レシピ

簡単茶碗蒸し

材料（1～2人分）

A
- 卵…1個
- 絹ごし豆腐…小1パック(150g)
- 白だし…大さじ1

ちくわ…1本
小ねぎ(小口切り)…好みで適量

作り方

1. 耐熱茶碗にAを入れて混ぜ、キッチンバサミで輪切りにしたちくわを加え、さらに混ぜ合わせる。
2. ラップをかけ、電子レンジ(600W)で2分加熱する。ラップを外し、好みで小ねぎをのせる。

Point

卵液に豆腐を混ぜているので食べ応えがあり、火の通りも早くなります。2分加熱しても固まらない場合は、様子を見て数十秒ずつ追加で加熱して。

まるで平打ちパスタのような出来栄え

にんじんのサラダパスタ

材料（1～2人分）

にんじん… 2本（300g）

A
- マヨネーズ…大さじ2
- めんつゆ（2倍濃縮）…大さじ1
- 塩…小さじ½
- 黒こしょう… 4ふり

B 〈トッピング〉
- 粉チーズ…適量
- ドライパセリ…好みで適量

作り方

1. にんじんは皮をむいてピーラーで縦に薄切りにし、耐熱ボウルに入れる。ラップをかけ、電子レンジ（600W）で3分加熱する。
2. 熱いうちにAを加えて混ぜ合わせ、Bをふっていただく。

Point

ピーラーで薄切りにするとひらひらのにんじんが作れて、平打ちパスタのよう。レンジで加熱することで甘みが増し、ゆでるより栄養素の流出も防げて◎。

チーズがカリッと香ばしくブロッコリーのおいしさを凝縮

つぶして焼いたブロッコリーが絶品

ブロリーチーズ

材料（1～2人分）

冷凍ブロッコリー…300g
塩…小さじ1
黒こしょう…少々
A オリーブ油…大さじ2
　にんにく（チューブ）…2cm
粉チーズ…大さじ3

作り方

1. 耐熱ボウルに冷凍ブロッコリーを入れてラップをかけ、電子レンジ（600W）で3分加熱する。
2. 水気をきり、アルミホイルを敷いた天板に並べ、コップの底でぺったんこにつぶす。
3. 全体に塩、黒こしょうをふり、Aを混ぜ合わせてかけ、粉チーズをふる。オーブントースターで10分焼く。

Point

オーブントースターは温度設定ができるなら230℃に。焼き時間は目安なので、様子を見ながらチーズがカリッとして全体に焼き色がつくまで焼いて。

市販のゆず茶を使えば味付けも一発OK

ゆず茶大根

材料（1～2人分）

大根…¼本(200g)
塩…小さじ½
ゆず茶…大さじ2

作り方

1. 大根は皮をむいて1cm角の棒状に切り、保存袋に入れ、塩をふって約30分おく。
2. 大根から出た水分をきり、袋の中にゆず茶を加えてもみ込む。時間があれば冷蔵庫に1日おいてなじませる。

Point

ゆず茶はゆずの皮や果肉を砂糖漬けにしたもの。本来はお湯で割って飲むものですが、漬け物に使ったり、ヨーグルトにかけて食べるのもオススメ。

豆腐衣のヘルシーなかき揚げ風

にんじんのツナ焼き

材料（1〜2人分）

にんじん…小１本（100g）
ツナ缶…１缶（70g）
A
- 絹ごし豆腐…小１パック（150g）
- 粉末カップスープ（ポタージュ）…１袋
- 片栗粉…大さじ３

味付けのり（８切）…適量

作り方

1. にんじんは皮をむいてピーラーで縦に薄切りにし、ボウルに入れる。ツナを油ごと加え、Aも加えて混ぜ合わせる。
2. フライパンに米油大さじ２（分量外）を熱し、1を大きめのスプーンですくって並べる。中火で片面につき約２分ずつ、両面に焼き色がつくまで揚げ焼きする。
3. 味付けのりで巻いていただく。

Point

にんじんとツナは相性がよく、栄養価もバツグン。カップスープの粉末で味が決まるので、そのまま食べてもおいしいです。味付けのりで巻いたりして、お好みで楽しんで。

もちもち生地の中からチーズがとろ～り

ツナもち大根

材料（1～2人分）

大根…⅓本（250～300g）
ツナ缶…1缶（70g）
A ｜片栗粉…大さじ3
　｜鶏ガラスープの素…小さじ2
スライスチーズ…1枚
ポン酢しょうゆ（ゆず風味）…適量

作り方

1. 大根は皮をむいてせん切りにし、ボウルに入れる。ツナを油ごと加え、Aも加えて混ぜ合わせる。
2. フライパンに米油大さじ3（分量外）を熱し、1を半量入れ、チーズをのせて1の残り半量を重ねる。生地が広がらないよう真ん中に寄せながら中火で焼き色がつくまでしっかり揚げ焼きする。
3. 生地が固まったら裏返し、焼き色がつくまで揚げ焼きする。格子状にひと口大に切り、ポン酢しょうゆ（ゆず風味）につけていただく。

Point

P.36の大根ふわもちのアレンジバージョン。チーズは生地と生地の間に挟むと焦げつかず、とろ～っと溶けておいしく仕上がります。

調味料3つの激うまダレに漬け込んで

玉ねぎ漬け

材料（1～2人分）

玉ねぎ…1個（200g）

A
- 焼き肉のタレ…50ml
- 白だし、調味酢（P.11参照）…各大さじ2

作り方

1. 玉ねぎは芯を残して8等分のくし形に切る。
2. フライパンにごま油大さじ1（分量外）を熱し、**1**を中火で焼き、全体にこんがり焼き色がついたらバットに移す。
3. 熱いうちに**A**を加え、10分おいてなじませる。

Point

タレが多めなので、玉ねぎ2個分をまとめて作ってもOK。1～2日、冷蔵保存が可能です。新玉ねぎで作ると、やわらかくジューシーな味わいに。

野菜やタンパク質を加えてバランス◎

サラダそうめん

材料（1～2人分）

そうめん…100g
キャベツ…小１枚(30g)
かに風味かまぼこ…４本
A マヨネーズ…大さじ2
めんつゆ（２倍濃縮）、調味酢（P.11参照）…各大さじ１
ゆで卵…１個

作り方

1. 鍋に湯を沸かし、そうめんを袋の表示通りにゆでて冷水にとり、水気をきる。キャベツはせん切りにし、かにかまはほぐす。
2. ボウルに**1**と**A**を入れて混ぜ、ゆで卵を加えてスプーンで粗めにつぶしながら混ぜ合わせる。

Point

そうめんは冷水でしめ、水気をよくきってから調味料と混ぜ合わせないと水っぽくなるので注意。ゆで卵は盛り付ける際、上にのせると見栄えもアップ。

鶏とねぎのおいしいだしがしみ渡る

鶏辛ねぎ煮そうめん

材料（1～2人分）

そうめん…100g
長ねぎ…１本
鶏むね肉（皮を取ったもの）
…小½枚（100g）
片栗粉…大さじ１
塩こしょう（ミックス）…少々
A めんつゆ（２倍濃縮）…大さじ２
水…250ml
七味唐辛子…適量

作り方

1. 鍋に湯を沸かし、そうめんをかためにゆでて水気をきる。長ねぎは４cm長さに切る。鶏肉はひと口大のそぎ切りにして片栗粉をまぶす。
2. 大きめのフライパンにごま油大さじ１（分量外）を熱し、鶏肉を並べて塩こしょうをふり、中火で焼く。鶏肉に焼き色がついたら裏返し、長ねぎを加え、全体に焼き色をつける。
3. **A**を加えて煮立ったらそうめんも加え、全体に火が通ったら七味をふっていただく。

Point

そうめんはあとで煮るのでかためにゆでること。鶏肉と長ねぎは焼いてから煮ると香ばしく仕上がります。七味はたっぷりふると、ピリッと辛くておいしい！

えのきあんにとろとろ卵がうますぎる

とろうまえのき丼

材料（1～2人分）

えのきたけ…½株（100g）
卵…１個
ご飯…150g
塩こしょう（ミックス）…少々
A 鶏ガラスープの素、酒…各小さじ１
水…100ml
B 〈水溶き片栗粉〉
片栗粉、水…各大さじ½
小ねぎ（小口切り）…好みで適量

作り方

1. えのきはキッチンバサミで３～４cm長さに切り、フライパンに入れる。ごま油大さじ１（分量外）を回しかけ、塩こしょうをふって中火で焼く。
2. しっかり両面に焼き色がついたら、**A**と**B**を加えて混ぜ、ひと煮立ちさせる。溶き卵を回し入れ、半熟になるまで火を通す。
3. ご飯に**2**をかけ、好みで小ねぎをのせていただく。

Point
えのきは焼き色がつくまでじっくり焼くとうまみがアップ。溶き卵はえのきあんに加えたら触らないこと。卵がふわっと仕上がります。

発酵食品×食物繊維でヘルシーに腸活

納豆ふわ丼

材料（1～2人分）

納豆（タレ付き）… 1パック
キャベツ… 3～4枚（100～150g）
ご飯…150g
めんつゆ（2倍濃縮）…大さじ1

作り方

1. キャベツはせん切りにして耐熱ボウルに入れ、ラップをかけて電子レンジ（600W）で2分加熱する。
2. 納豆に付属のタレを混ぜ、1に加え、めんつゆも加えてふわふわに泡立つまで混ぜ合わせる。
3. ご飯に2をかける。

Point

納豆はキャベツやめんつゆと合わせ、100回ほど混ぜるとふわふわに泡立ちます。好みで卵黄をのせ、混ぜて食べてもおいしいです。

COLUMN

絶品やせスイーツ

PART 1で紹介したふわ焼きをアレンジしたスイーツです。基本材料が豆腐なので、ダイエット中でも罪悪感ゼロで食べられます。しかもスティックココアや抹茶を使えば、材料も少なく簡単！

バナナココア焼き

スティックココアで簡単！

材料（1～2人分）

絹ごし豆腐…小1パック（150g）
バナナ…1本

A 片栗粉…大さじ3
粉末ミルクココア（スティック）…2本

B 〈トッピング〉
はちみつ、バター…好みで各適量

作り方

1. ボウルに豆腐、バナナ、Aを入れ、バナナをスプーンでつぶしながら混ぜ合わせる。
2. フライパンに米油大さじ2（分量外）を熱し、1を大きめのスプーンですくって並べる。中火で片面につき約2分ずつ、両面に焼き色がつくまで揚げ焼きする。Bをかけていただく。

抹茶チーズ焼き

材料（1～2人分）

絹ごし豆腐…小1パック（150g）
ベビーチーズ…1個

A 片栗粉…大さじ3
粉末抹茶オレ（スティック）…1本
塩…ひとつまみ

B 〈トッピング〉
はちみつ、きな粉…好みで各適量

作り方

1. ボウルに豆腐、小さくちぎったチーズ、Aを入れて混ぜ合わせる。
2. フライパンに米油大さじ2（分量外）を熱し、1を大きめのスプーンですくって並べる。中火で片面につき約2分ずつ、両面に焼き色がつくまで揚げ焼きする。Bをかけていただく。

PART 3

爆食！鶏むねレシピ

節約にもダイエットにも役立つ鶏むね肉は、みんなの味方！
僕のレパートリーの中から、爆食いしてしまうほどおいしくて
バラエティー豊富な鶏むねレシピを集めました。お腹いっぱい召し上がれ！

大葉たっぷりで風味抜群！
チーズも絡めてカリッと
香ばしい焼き上がりに

はらだ's ひと言コメント

しっとりした鶏むね肉と梅ソースは、最強の組み合わせ！

甘酸っぱい梅ソースをかけてどうぞ

鶏しそチーズ焼き

材料（1～2人分）

鶏むね肉（皮を取ったもの）
…小1枚（200g）
大葉…1束
スライスチーズ…1枚
A　鶏ガラスープの素、酒
…各小さじ1
片栗粉…大さじ2
B　〈梅ソース〉
練り梅、みりん
…各小さじ1
はちみつ…小さじ½

作り方

1. 鶏肉はそぎ切りにしてボウルに入れる。キッチンバサミで細切りにした大葉、小さくちぎったチーズ、Aを表記順に加えて混ぜる。
2. フライパンに米油大さじ2（分量外）を熱し、1をくっついた状態のまま入れ、弱火で2～3分揚げ焼きする。焼き色がついたら丸ごと裏返し、1切れずつ離しながら2～3分揚げ焼きする。
3. Bを混ぜたソースをかけていただく。

Point

a　鶏むね肉は包丁の刃を斜めにして繊維を断つようにそぎ切りに。かたくなるのが防げます。
b　肉が全部くっついた状態で焼き始め、丸ごと裏返してから1切れずつバラバラにすると、手間なくスムーズにできます。

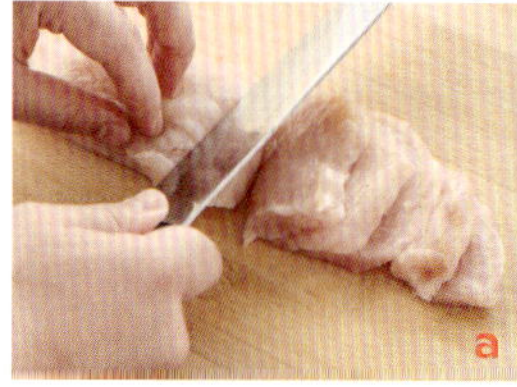
a

b

人生で食べた鶏むね肉の中で、一番ぷるんぷるんだと思わせる自信があります！

甘みそしょうゆのタレがしみ込み豚肉に負けないおいしさ

レンジで簡単に作れてしっとりやわらか！

鶏むねチャーシュー

材料（1～2人分）

鶏むね肉（皮を取ったもの）
…大１枚（300g）

A
- しょうゆ、みりん、みそ…各大さじ２
- はちみつ…大さじ１
- にんにく（チューブ）…３cm

ブロッコリー…好みで適量

作り方

1. 鶏肉は両面をまんべんなくフォークで刺して耐熱ボウルに入れる。Aを加えて混ぜながら全体に絡め、ラップを肉にぴっちり沿うようにしてかけ、30分おく。
2. ラップをふんわりとかけ直し、電子レンジ（600W）で４分30秒加熱したら、そのままレンジを開けずに庫内に30分おく。
3. 鶏肉を薄切りにし、残ったタレをかけていただく。好みでゆでたブロッコリーを添えても。

Point

a　フォークは下まで突き刺すことで、鶏むね肉の繊維が断ち切れます。また、味がしみ込みやすくなるというメリットも。

b　ラップは肉にぴっちり沿わせてかけ、30分放置。加熱後も30分おいて味を含ませます。

a

b

鶏むね肉となすが
ご飯の進む
人気定番中華に変身

ビールもご飯も止まらない、おつまみにもおかずにもなるハイブリッドなレシピ！

はらだ's ひと言コメント

焼き肉のタレで手軽にマーボー風に

マーボー鶏

材料（1〜2人分）

鶏むね肉(皮を取ったもの)
…小１枚(200g)
なす…１本
長ねぎ…１本
酒…小さじ１
片栗粉…大さじ２
A
焼き肉のタレ…大さじ２
コチュジャン…小さじ２
鶏ガラスープの素
…小さじ１
塩こしょう(ミックス)…少々
にんにく(チューブ)…１cm
白炒りごま…適量

作り方

1. なすはヘタを取って乱切りにし、長ねぎは４cm長さに切る。鶏肉はひと口大のそぎ切りにして酒を絡め、片栗粉をまぶす。
2. フライパンにごま油大さじ１(分量外)を熱し、なすを中火で炒める。油を吸ってしんなりしたら縁に寄せ、真ん中に鶏肉を入れる。米油大さじ２(分量外)を鶏肉に回しかけ、中火で片面につき約１分30秒ずつ、両面に焼き色がつくまで揚げ焼きする。
3. 長ねぎを加えて炒め合わせ、余分な油をふき取り、混ぜ合わせた**A**を加える。汁気がなくなるまで絡め、白ごまをふっていただく。

Point

a　鶏むね肉は酒を絡め、片栗粉をまぶしてから揚げ焼きするとやわらかく仕上がります。
b　先になすを炒めてから鶏肉を投入。肉に火を通しすぎてかたくなるのを防ぐことができ、なすはとろっとやわらかに。

a

b

しっとりチキンに
レンジで作るタルタルを
かけてごちそう級！

妻がハマりすぎて、一時期このレシピを週3で作ってました！w

お店みたいな料理が家で安く作れる

鶏むね南蛮

材料（1～2人分）

鶏むね肉（皮を取ったもの）
…大1枚（300g）
酒…小さじ1
片栗粉…大さじ2
A〈南蛮ダレ〉
しょうゆ、調味酢（P.11参照）
…各大さじ2
みりん…大さじ1
B〈タルタルソース〉
卵…1個
マヨネーズ…大さじ2
はちみつ…小さじ1
塩こしょう（ミックス）…少々
ドライパセリ、ブロッコリー
…好みで各適量

作り方

1. 鶏肉は厚みのある部分に切り込みを入れて開き、包丁の背の部分でたたき、平らにする。両面に酒を絡め、片栗粉をまぶす。
2. フライパンに米油大さじ1（分量外）を熱し、1を中火で片面につき約4分ずつじっくり焼く。両面に焼き色がついたら混ぜ合わせたAを加えて煮詰める。
3. 耐熱ボウルにBの卵を入れて溶き、ラップをかけずに電子レンジ（600W）で1分30秒加熱する。残りの材料を加え、フォークで卵をほぐしながら混ぜる。
4. 2を食べやすい大きさに切り、3をかけ、好みでドライパセリをふっていただく。好みでゆでたブロッコリーを添えても。

Point

a　鶏むね肉は開いて厚みを均等にすると、全体にムラなく火が通ります。
b　卵はレンジで加熱して、熱いうちにフォークでほぐせば、一瞬でおいしいタルタルソースが作れます。

a

b

しっとりぷるぷる食感の鶏むね肉がさっぱりしたニラダレとよく合う

はらだ's ひと言コメント

さっぱり食べられてめちゃうまい！食べすぎだけには要注意です！

鶏肉をゆでてニラダレをかけるだけ！

ニラポン鶏

材料（1～2人分）

鶏むね肉（皮を取ったもの）
…小1枚（200g）
片栗粉…大さじ2

A 〈ニラダレ〉
ニラ…3本
ポン酢しょうゆ（ゆず風味）
…大さじ3
鶏ガラスープの素
…小さじ1
ごま油…少々

作り方

1. 鶏肉はそぎ切りにして片栗粉をまぶす。鍋に湯を沸かし、鶏肉を1切れずつくっつかないように入れ、再沸騰したら1分30秒ゆでて水気をきる。
2. ボウルにAのニラをキッチンバサミで細かく切って入れ、残りの材料を加えて混ぜ合わせる。
3. 1に2をかけていただく。

Point

a　パサつきがちな鶏むね肉は、片栗粉をまぶしてゆでればしっとりぷるぷるの食感に。肉の水分やうまみを閉じ込めてくれます。
b　ゆでる際は鶏肉がくっついてしまわないよう、1切れずつ湯の中に落として。

a

b

ご飯が進む最強おかず！ 世の男性の8割の心がつかめる！w

ガッツリ系の豚肉料理を鶏むね肉で！

鶏トンテキ風

材料（1〜2人分）

鶏むね肉（皮を取ったもの）
…小１枚（200g）
にんにく…５かけ
酒…小さじ２
片栗粉…大さじ２
A〈トンテキソース〉
しょうゆ…大さじ２
お好み焼きソース
（または中濃・ウスターソース）、
トマトケチャップ、
調味酢（P.11参照）
…各大さじ１
はちみつ…小さじ１
ブロッコリー…好みで適量

作り方

1. 鶏肉は厚みのある部分に切り込みを入れて開き、包丁の背の部分でたたき、平らにする。両面に酒を絡め、片栗粉をまぶす。にんにくは包丁の腹でつぶす。
2. フライパンに米油大さじ１（分量外）とにんにくを入れ、弱火で炒める。色がついたら鶏肉を入れ、中火で片面につき３〜４分ずつじっくり焼く（にんにくが焦げそうになったら肉の上にのせる）。
3. 鶏肉の両面に焼き色がついたら混ぜ合わせたAを加えて煮詰める。食べやすい大きさに切り、残ったソースとにんにくをかけていただく。好みでゆでたブロッコリーを添えても。

Point

a　鶏むね肉は包丁の背の部分でたたいて繊維を壊しておくと、やわらかく仕上がります。
b　にんにくを炒めて香りが移った油で鶏肉を焼くことで、おいしさも風味もアップ。仕上げにトッピングできて見栄えも◎。

a

b

コチュジャンを加えた韓国風の甘辛い味付けがクセになる！

揚げ焼きしたチキンに甘辛いタレを絡めてガツガツ食べたい

鶏むね肉で作るコスパ◎な韓国レシピ

ヤンニョムチキン

材料（1〜2人分）

鶏むね肉(皮を取ったもの)
…小1枚(200g)
塩こしょう(ミックス)…少々
片栗粉…大さじ2
A 〈ヤンニョムタレ〉
トマトケチャップ
…大さじ3
コチュジャン…小さじ2
酒、みりん…各小さじ1
はちみつ…少々

作り方

1. 鶏肉は1cm幅のぶつ切りにして塩こしょうをふり、片栗粉をまぶす。
2. フライパンに米油大さじ2(分量外)を熱し、**1**を中火で片面につき約1分30秒ずつ、焼き色がつくまで揚げ焼きする。
3. 余分な油をふき取り、混ぜ合わせた**A**を加え、汁気がなくなるまで絡める。

Point

a 鶏むね肉は食べ応えを出すため1cm幅のぶつ切りに。片栗粉をまぶせばかたくなりにくく、タレも絡みやすくなります。
b 揚げ焼きにしたあとは、味がよく絡むよう油をふき取ってからタレを加えて。

a

b

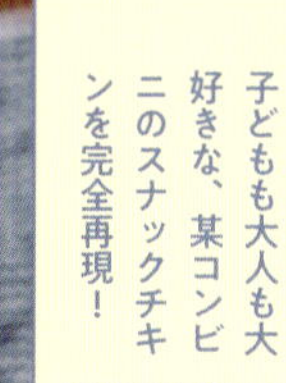

子どもも大人も大好きな、某コンビニのスナックチキンを完全再現！

はらだ's ひと言コメント

ふんわりジューシーな
食感が本家とそっくり!?
味変も楽しめる

あのコンビニのホットスナックを再現

お家で唐揚げスナック

材料（1～2人分）

A
- 鶏むねひき肉…150g
- 絹ごし豆腐…小1パック（150g）
- 片栗粉…大さじ3
- 鶏ガラスープの素…小さじ2
- しょうゆ、マヨネーズ…各小さじ1
- にんにく（チューブ）…2cm

B
- 卵…1個
- 水…大さじ2

ブロッコリー…好みで適量

作り方

1. ボウルにAを入れて混ぜ合わせる。
2. 1を大きめのスプーンですくってバットに並べ、混ぜ合わせたBを全体にかける。
3. フライパンに米油大さじ3（分量外）を熱し、2を卵液ごとすくって落とし入れ、中火で片面につき約2分ずつ、両面に焼き色がつくまで揚げ焼きする。好みでゆでたブロッコリーを添えても。

Point

a　卵は肉だねに混ぜず、全体にかけるとふわふわ衣の唐揚げに。肉だねにはピザ用チーズを混ぜたり、ゆずこしょうを混ぜたりして味変しても。

b　肉だねは卵液ごとスプーンですくって揚げ焼きしましょう。

a

b

チンするだけで作れる！香味たっぷり中華味のヘルシーつくね

簡単を極めたレンジつくねが爆誕

極み鶏つくね

材料（1～2人分）

鶏むねひき肉…200g
キャベツ… 2～3枚（100g）

A
片栗粉…大さじ1
鶏ガラスープの素…小さじ2
塩こしょう（ミックス）…少々
にんにく・しょうが（チューブ）…各3cm

B
〈タレ〉
しょうゆ、酢、ラー油…各適量

作り方

1. ボウルにひき肉、せん切りにしたキャベツ、**A**を入れて混ぜ合わせる。
2. **1**をひと口大（10～11等分）に丸めて耐熱皿に並べ、ラップをかけて電子レンジ（600W）で5分加熱する。
3. **B**を混ぜたタレをかけていただく。

Point

a　ひき肉とキャベツの量は2：1。キャベツはみじん切りにせず、せん切りくらいのほうがシャキシャキ感が残ってちょうどよいです。
b　丸めてレンジで加熱するだけで完成。タレをかけると、皮のない餃子のような味わいに。

a

b

やみつきになる
甘辛スパイシーな
タレを絡めて
はらだ's
ひと言コメント
世界の◯ちゃん風の味付けを完全再現！スパイシーな味が最高！

名古屋名物の甘辛手羽先を思わせる味

やみつき鶏

材料（1～2人分）

鶏むね肉（皮を取ったもの）
…小１枚（200g）
塩こしょう（ミックス）…少々
片栗粉…大さじ２
A しょうゆ、みりん
…各大さじ２
はちみつ…小さじ２
こしょう…小さじ⅓
ブロッコリー…好みで適量

作り方

1. 鶏肉はそぎ切りにして塩こしょうをふり、片栗粉をまぶす。
2. フライパンに米油大さじ２（分量外）を熱し、**1**を中火で片面につき約１分30秒ずつ、焼き色がつくまで揚げ焼きする。
3. 余分な油をふき取り、混ぜ合わせた**A**を加え、汁気がなくなるまで絡める。好みでゆでたブロッコリーを添えても。

Point

a　塩こしょう少々で下味をつけ、片栗粉をまぶしておけば鶏むね肉でもパサつかずしっとり。
b　こしょうをしっかりきかせたタレを絡めることで、名古屋の手羽先のようなスパイシーな味わいに仕上がります。

a

b

そぎ切り→揚げ焼きで
失敗しらず！
熱々ご飯と召し上がれ

はらだ's
ひと言コメント

最高で最強なねぎダレ！鶏むね肉のほかにも牛タン、豚肉…何でも合うー！

甘酸っぱいねぎダレが食欲をそそる

沼る油淋鶏（ユーリンチー）

材料（1～2人分）

鶏むね肉（皮を取ったもの）
…小１枚（200g）
塩こしょう（ミックス）…少々
片栗粉…大さじ２

A〈ねぎダレ〉
長ねぎ…１本
めんつゆ（２倍濃縮）
…大さじ２
調味酢（P.11参照）…大さじ１
鶏ガラスープの素
…小さじ２
はちみつ…小さじ１
にんにく・しょうが
（チューブ）…各１cm

作り方

1. 鶏肉はそぎ切りにして塩こしょうをふり、片栗粉をまぶす。
2. ボウルに**A**の長ねぎをみじん切りにして入れ、残りの材料を加えて混ぜ合わせる。
3. フライパンにごま油大さじ２（分量外）を熱し、**1**を中火で片面につき約２分ずつ、焼き色がつくまで揚げ焼きする。**2**をかけていただく。

Point

a　長ねぎのみじん切りは、斜めに細かく切り込みを入れてから小口切りにすると簡単。

b　一般的な油淋鶏の作り方だと大きいまま揚げるところ、そぎ切りにして揚げ焼きにすることで、油も少なくてOK！

a

b

包まない餃子を
フライパンで焼いて
そのまま食卓へ

包むのがめんどくさくてできた、超ズボラレシピ！ 食べたら一緒だからOK！

肉だねと皮を重ねてBIG餃子に

ワンパン餃子

材料（1～2人分）

鶏むねひき肉…200g
絹ごし豆腐…小１パック(150g)
ニラ…３本
餃子の皮…12枚

A
焼き肉のタレ…大さじ１
ごま油…小さじ１
にんにく(チューブ)…２cm

B
〈タレ〉
しょうゆ、酢…各適量

作り方

1. ボウルにひき肉、豆腐、キッチンバサミで細かく切ったニラを入れ、**A**を加えて混ぜ合わせる。
2. フライパン(フッ素樹脂加工)に餃子の皮６枚を敷き詰め、**1**をのせて平らにならし、残りの餃子の皮６枚を重ねてごま油大さじ½(分量外)を回しかける。中火にかけ、グツグツした音が聞こえたら水50ml(分量外)を注ぎ、フタをして水気がなくなるまで蒸し焼きにする。
3. フタを外して裏返し、両面にこんがり焼き色がつくまで焼く。**B**を混ぜたタレにつけていただく。

Point

a 鶏むねひき肉と豆腐のヘルシーな肉だねに、ニラやにんにくで香味を、焼き肉のタレやごま油でコクをプラスしました。
b 包まず皮と肉だねを重ねて挟むだけ。パーティー仕様の大きな餃子が完成します。

a

b

ラップで簡単成形！
無添加で安心な
自家製皮なしソーセージ

余計な添加物なしで、妻も大喜びのヘルシーソーセージです！

パセリの風味が爽やかでジューシー

鶏ソーセージ

材料（1～2人分）

A
- 鶏むねひき肉…200g
- 絹ごし豆腐…小1パック（150g）
- 片栗粉…大さじ1
- 鶏ガラスープの素、ドライパセリ…各小さじ2
- 塩こしょう（ミックス）…少々

トマトケチャップ、粒マスタード…各適量

作り方

1. ボウルにAを入れて混ぜ合わせる。大きめのスプーン山盛り1杯分ずつ（6～7等分）をラップにのせて棒状に包み、転がして太さを均等にする。
2. 1をラップごと耐熱皿にのせ、まとめて電子レンジ（600W）で4分30秒加熱する。
3. ラップを外してフライパンに並べ、油をひかずに中火で焼き色をつける。ケチャップや粒マスタードにつけていただく。

Point

a 肉だねをラップで棒状に包んだら、ラップの両端を持ってコロコロ転がすと太さが均一に。
b ソーセージはレンジで加熱済みなので、フライパンで油をひかずに焼き色をつけるだけでOK。パセリの香りも引き立ちます。

a

b

照りよく仕上げた
磯辺餅みたいな
鶏むねレシピ

お弁当のおかずにも使える！ のりとチキンの最強コンビ！

はらだ's ひと言コメント

甘じょっぱいタレとのりの香りが最高

のり巻き鶏

材料（1～2人分）

鶏むね肉（皮を取ったもの）
…小１枚（200g）
味付けのり（８切）…７～８枚
片栗粉…大さじ２
A しょうゆ…大さじ１
　みりん…大さじ½
サニーレタス…好みで適量

作り方

1. 鶏肉はやや細めのひと口大（７～８等分）に切り、味付けのりで巻き、片栗粉をまぶす。
2. フライパンに米油大さじ２（分量外）を熱し、1を巻き終わりを下にして並べる。弱火で片面につき約２分ずつ、焼き色がつくまで揚げ焼きする。
3. 余分な油をふき取り、混ぜ合わせたAを加え、汁気がなくなるまで絡める。好みでサニーレタスを添えても。

Point

a　鶏むね肉はややスティック状に切ると、のりで巻きやすくなります。味付けのりを使えば、肉に下味をつける手間もなく簡単。
b　片栗粉をまぶしておけば、鶏むね肉がかたくならず、のりもはがれにくくなって◎。

a

b

お家でヘルシー居酒屋メニュー！ 小ねぎとラー油はかければかけるほどうまい！w

食べ応え満点の居酒屋メニュー

鶏×厚揚げのうま辛炒め

材料（1～2人分）

鶏むね肉（皮を取ったもの）
…小１枚（200g）
厚揚げ…１枚
片栗粉…大さじ１
焼き肉のタレ…大さじ３
小ねぎ（小口切り）、ラー油
…各適量

作り方

1. 厚揚げ、鶏肉はそれぞれひと口大に切り、鶏肉に片栗粉をまぶす。
2. フライパンに米油大さじ２（分量外）を熱し、鶏肉を中火で約１分30秒揚げ焼きする。焼き色がついたら裏返して厚揚げも加え、全体にこんがり焼き色がつくまで約１分30秒揚げ焼きする。
3. 余分な油をふき取って焼き肉のタレを加え、汁気がなくなるまで絡める。小ねぎをのせ、ラー油をかけていただく。

Point

a 鶏むね肉と厚揚げを同じサイズに切ることで、食べやすく見た目も肉たっぷりに感じられて◎。
b 厚揚げは面を変えながらこんがり揚げ焼きしましょう。焼き肉のタレを加える前に余分な油をふき取ることも忘れずに。

a

b

はらだ's ひと言コメント

鍋に入れて煮込むだけ！ きのこのだしがきいた超簡単＆ヘルシーカレー！

トマトたっぷり！具がゴロゴロ入ったおいしいチキンカレー

野菜の水分で煮るからうまみが凝縮

鶏無水カレー

材料（作りやすい分量）

鶏むね肉（皮を取ったもの）
　…小２枚（400g）
トマト缶（カットタイプ）
　…１缶（400g）
なす…２本
しいたけ…６個
ご飯…適量
カレールウ…４かけ
お好み焼きソース
　（または中濃・ウスターソース）
　…大さじ２
ドライパセリ…好みで適量

作り方

1. ヘタを取ったなす、軸を取ったしいたけ、鶏肉はそれぞれひと口大に切る。
2. 鍋にトマト缶、なす、しいたけ、鶏肉、カレールウの順に入れ、フタをして弱めの中火で８分煮る。お好み焼きソースを加えて全体を混ぜ、再びフタをして５分煮詰める。
3. ご飯に**2**をかけ、好みでドライパセリをふっていただく。

Point

水を加えずに煮るので、ステンレスの鍋などを使う場合は途中で何度か混ぜて焦げないよう注意して。厚みのある鍋を使うと焦げつきにくくオススメ。

ぷるぷるの鶏むね肉を韓国ダレで

鶏ユッケ風丼

材料（1～2人分）

鶏むね肉（皮を取ったもの）
…大½枚（150g）
卵黄…1個分
ご飯…150g
片栗粉…大さじ2
A
- 焼き肉のタレ…大さじ2
- コチュジャン…小さじ2
- ごま油…小さじ1
- にんにく（チューブ）…2cm

白炒りごま…適量

作り方

1. 鶏肉はスティック状に切り、片栗粉をまぶす。鍋に湯を沸かし、鶏肉を1切れずつくっつかないように入れ、フタをして弱火で3分ゆでて水気をきる。
2. ボウルに1とAを入れて混ぜ合わせる。
3. ご飯に2と卵黄をのせ、白ごまをふっていただく。

Point

鶏むね肉は細く切って片栗粉をまぶし、ゆでることでしっとりぷるぷるに。焼き肉のタレやコチュジャンを使えば韓国風の味わいがすぐに再現できます。

魚介の代わりに鶏肉で簡単ハワイ料理

鶏むねポキ丼

材料（1~2人分）

鶏むね肉（皮を取ったもの）
…小½枚（100g）
アボカド…1個
卵黄…1個分
ご飯…150g
塩こしょう（ミックス）…少々
片栗粉…大さじ1
A
焼き肉のタレ…大さじ1
ごま油…少々
わさび（チューブ）…1cm

作り方

1. アボカド、鶏肉はそれぞれ小さめのひと口大に切る。鶏肉は塩こしょうをふり、片栗粉をまぶす。
2. フライパンに米油大さじ1（分量外）を熱し、鶏肉を中火で3～4分炒める。火が通ったらボウルに入れ、アボカドと**A**を加えて混ぜ合わせる。
3. ご飯に**2**と卵黄をのせる。

Point

鶏むね肉とアボカドは小さめに切ることで、タレも絡みやすくなります。焼き肉のタレ＋わさびが少し入っているのがおいしさの決め手。

とろとろの白菜入りそぼろあんが◎

鶏と白菜のとろ煮丼

材料（作りやすい分量）

鶏むねひき肉…200g
白菜…1/4個（500g）
ご飯…適量
塩こしょう（ミックス）…少々

A
めんつゆ（2倍濃縮）…100ml
鶏ガラスープの素…小さじ1
にんにく・しょうが（チューブ）…各3cm

B 〈水溶き片栗粉〉
片栗粉…大さじ1
水…100ml

作り方

1. 白菜はざく切りにする。
2. フライパンに米油大さじ1（分量外）を熱し、ひき肉を入れて塩こしょうをふり、中火で色が変わるまで炒める。1を加えて炒め合わせ、しんなりしたらAを加えて白菜がくたくたになるまで煮る。
3. Bを加え、とろみがつくまで煮たら、ご飯にかける。

Point

白菜はくたくたに煮たらかさが減るので、たっぷり使っても大丈夫。白菜を使い切るために多めに作り置きし、そのつど温めてご飯にかけても。

最強のっけご飯でお弁当にもオススメ

鶏そぼろご飯

材料(1~2人分)

鶏むねひき肉…200g
にんにく…1かけ
ご飯…150g
卵黄…1個分
塩こしょう(ミックス)…少々
焼き肉のタレ…大さじ2

作り方

1. にんにくは包丁の腹でつぶす。フライパンに米油大さじ1(分量外)とにんにくを入れ、弱めの中火で炒める。
2. にんにくに色がついたらひき肉を加え、塩こしょうをふり、焼き肉のタレを加えて汁気がなくなるまで炒める。
3. ご飯に2と卵黄をのせる。

Point

にんにくはお好みで増やしてもOK。具として食べたいからみじん切りなどにせず、つぶす程度にしています。味付けは焼き肉のタレ1本で簡単!

PART 4

激うま！
沼る麺＆ご飯

麺やご飯ものはいつもワンパターンになりがちですよね。
そこで、一度作ったらハマってしまう激うまな丼や、アレンジ豊富な
そうめんなどのレシピを伝授！ 夕食はもちろん、ランチや夜食にもお試しあれ。

高タンパクでガツンとうまい男ウケ最高レシピ！一度食べたらやみつきに！
はらだ's
ひと言コメント
定番の豚キムチよりヘルシー
なのにそうめん入りで
満足感ハンパない！

ピリ辛の味わいでご飯もビールも進む！

鶏キムチそうめん

材料（1～2人分）

そうめん…100g
鶏むね肉（皮を取ったもの）
…大½枚（150g）
ニラ…３本
白菜キムチ…30g
塩こしょう（ミックス）…少々
片栗粉…大さじ１
焼き肉のタレ…大さじ２

作り方

1. 鍋に湯を沸かし、そうめんをかためにゆでて水気をきる。鶏肉はひと口大に切って塩こしょうをふり、片栗粉をまぶす。
2. フライパンにごま油大さじ２（分量外）を熱し、鶏肉を中火で片面につき約１分30秒ずつ、焼き色がつくまで揚げ焼きする。キッチンバサミで１～２cm長さに切ったニラ、キムチ、焼き肉のタレを加えてさっと炒める。
3. そうめんを加え、汁気がなくなるまで炒め合わせる。

Point

a そうめんはあとで鶏肉やキムチと炒めるので、さっとゆでる程度に留めておきます。
b ニラはキッチンバサミで切りながらフライパンに投入。１本ずつではなく束にして切るとスムーズです。

a

b

香ばしく焼いたさばと
爽やかな大葉で
風味豊かに
はらだ's
ひと言コメント
2段階を味わう神レシピ！焼きおにぎり茶漬けはおこげも楽しめて最高！

混ぜご飯とお茶漬け、二度楽しめる！

さばポンご飯

材料（作りやすい分量）

生さば… 1切れ
大葉… 5～6枚
ご飯…300g
A 白炒りごま、
　ポン酢しょうゆ
　（ゆず風味）…各大さじ1

作り方

1. フライパンに米油大さじ1（分量外）を熱し、さばを中火で両面にこんがり焼き色がつくまで焼き、骨を取り除く。
2. ボウルにご飯、1、キッチンバサミでせん切りにした大葉、Aを入れ、さばをほぐしながら混ぜ合わせる。

Arrange

焼きおにぎり茶漬け

残ったご飯を三角に握っておにぎりにし、フライパンで油をひかずにこんがり焼きます。茶碗に入れてしょうゆ、白だし各小さじ1をかけ、焼きおにぎりが浸かる程度に熱湯を注げば完成。刻みのりをのせて召し上がれ。

とろっとろのあんが身も心も温めてくれます。そうめんはパリパリ！

天津飯をそうめんにアレンジ！とろとろのあんが絶品

焼いたそうめんにかに玉の甘酢あんをかけて

天津そうめん

材料（1〜2人分）

そうめん…100g
卵…１個
かに風味かまぼこ…４本
マヨネーズ…小さじ１
A〈甘酢あん〉
　片栗粉、調味酢（P.11参照）
　　…各大さじ１
　しょうゆ…大さじ２
　鶏ガラスープの素
　　…小さじ２
　にんにく（チューブ）…２cm
　水…200ml
小ねぎ（小口切り）…好みで適量

作り方

1. フライパンにたっぷりの湯を沸かし、そうめんを袋の表示通りにゆでて水気をきる。
2. 空いたフライパンにごま油大さじ１（分量外）を熱し、**1**を円形に広げ、両面こんがり焼いたら器に盛る。
3. フライパンの油をふき取り、**A**を入れて混ぜ、中火にかけてとろみがつくまで煮詰める。卵、ほぐしたかにかま、マヨネーズを混ぜ合わせて加え、卵液が半熟になったら**2**にかける。好みで小ねぎをのせていただく。

Point

a　ゆでたそうめんをごま油で香ばしく焼けば、かた焼き蕎麦のような食感になります。
b　たっぷりの甘酢あんの中にかにかま入りの卵液を加え、半熟になったら完成。卵とあんが混ざってとろとろの仕上がりに。

a

b

豆腐をドーンとのせるだけで
白ご飯にとびきり合う
ヘルシー丼に

しっかり煮込んだ豆腐が悶絶級にうまい

豆腐めし

材料（1～2人分）

木綿豆腐…小1パック（150g）
ご飯…150g
A しょうゆ…大さじ3
　酒、みりん…各大さじ2
　白だし、はちみつ
　　…各大さじ1
　水…300ml
七味唐辛子…好みで適量

作り方

1. 豆腐はペーパータオルで包んで耐熱皿にのせ、ラップをかけずに電子レンジ（600W）で2分加熱する。
2. 小さめのフライパンにAを入れて混ぜ、中火にかける。沸騰したら1をペーパータオルを外して加え、ときどき煮汁をかけながら豆腐が茶色になるまで20分ほど煮る（途中で一度裏返す）。
3. ご飯に2をのせて好みで七味をふり、残った煮汁をかけていただく。

Point

a 絹ごしではなく木綿豆腐を使い、レンジで手軽に水きりしておくと煮込んでも崩れにくく、味がしみ込みやすくなります。
b 最初は真っ白な豆腐が、20分ほど煮込むと茶色に。煮汁もとろりと煮詰まります。

a

b

豚バラともやしを こんもりと盛り付けた ボリュームそうめん

これを食べた妻が「次はもっと全部マシマシに作って！」と笑顔マシマシで言ってました！

はらだ's ひと言コメント

あの大人気メガ盛りラーメンをそうめんで再現

こってりマシマシ そうめん

材料（1～2人分）

そうめん…100g
もやし…１袋(200g)
豚バラ薄切り肉…100g
にんにく…２かけ
鶏ガラスープの素…小さじ２
塩こしょう(ミックス)…少々
焼き肉のタレ…大さじ１
A〈スープ〉
しょうゆ…大さじ２
鶏ガラスープの素…小さじ２
ごま油…小さじ１
水…200ml
小ねぎ(小口切り)…好みで適量

作り方

1. 鍋に湯を沸かし、そうめんを袋の表示通りにゆでて水気をきる。もやしは耐熱ボウルに入れて鶏ガラスープの素を加え、ラップをかけて電子レンジ(600W)で１～２分加熱し、混ぜる。にんにくは薄切りにし、豚肉は食べやすい大きさに切る。
2. フライパンにごま油大さじ１(分量外)とにんにくを入れ、中火でうっすら色づくまで焼く。豚肉を加えて塩こしょうをふり、こんがり焼き色がついたら焼き肉のタレを加えて絡める。
3. 深さのある耐熱皿に**A**を入れて混ぜ、ラップをかけずに電子レンジ(600W)で２分加熱する。そうめんを加え、もやしをこんもりとのせ、豚肉をもやしの上にのせる。にんにくを散らし、好みで小ねぎをのせていただく。

Point

a　そうめんはスープに浸し、もやしはこんもり盛り付けて山を作りましょう。
b　もやしの山に沿うようにして豚肉をのせればOK。山を崩しながらそうめんと一緒に食べるのがおいしさの秘訣です。

a

b

きのこの香り高い和風焼き蕎麦に卵黄を絡めてうまさ倍増

はらだ's ひと言コメント

「瓦焼き蕎麦が食べたい」と思い、家で作れないかと試行錯誤したらこれができました！

日本蕎麦で作る焼き蕎麦がこの上ないおいしさ

沼る焼き蕎麦

材料（1～2人分）

ゆで蕎麦…１袋
しめじ…½株（100g）
卵黄…１個分
塩…少々
焼き肉のタレ…大さじ２
小ねぎ（小口切り）、七味唐辛子
…好みで各適量

作り方

1. フライパンにごま油大さじ１（分量外）を熱し、キッチンバサミで石づきを切り落としたしめじをほぐして入れ、塩をふって中火でこんがり焼き色がつくまで焼く。
2. ゆで蕎麦は流水でほぐし、水気をきって**1**に加え、炒め合わせる。焼き肉のタレを加え、汁気がなくなるまで絡める。
3. 卵黄と好みで小ねぎをのせ、七味をふっていただく。

Point

a　しめじはあまり触らずに、焼き色がついて香りがするまでしっかり焼くこと。こんがり焼くと香ばしさが違います。
b　味付けは、ソースでもめんつゆでもなく焼き肉のタレ。これが日本蕎麦によく合います。

a

b

はらだ's
ひと言コメント
これ食べたらうなぎが一気に恋しくなりましたw でもめちゃうまい！
なすがとろっと絶品！
甘めのタレが絡んで
ご飯が即なくなるうまさ

豪華!? 見た目も形もうなぎそのもの

なすの蒲焼き丼

材料(1~2人分)

なす…1本
ご飯…150g
A 砂糖、しょうゆ、みりん
…各大さじ2
にんにく(チューブ)
…1cm
粉山椒、白炒りごま
…好みで各適量

作り方

1 なすはヘタを取ってピーラーで皮をむく。ラップで包み、電子レンジ(600W)で5分加熱する。ラップを外し、縦半分に切り込みを入れて開く。

2 フライパンにごま油大さじ1(分量外)を熱し、1を中火で両面にこんがり焼き色がつくまで焼く。混ぜ合わせたAを加え、汁気がなくなるまで煮詰める。

3 ご飯に2をのせ、好みで粉山椒、白ごまをふっていただく。

Point

a なすの真ん中に切り込みを入れてから左右に開くと、うなぎの蒲焼きのような形に。
b こんがり焼き色がつくまで焼いてから調味料を加えて。煮詰めるとうなぎのタレのような味わいになります。

a

b

パスタよりゆで時間が短くてすぐできる

カルボそうめん

材料（1～2人分）

そうめん…100g
ハーフベーコン…４枚
にんにく（チューブ）…１cm
A 卵…１個
粉チーズ、めんつゆ（２倍濃縮）…各大さじ１
黒こしょう、ドライパセリ…好みで各適量

作り方

1. フライパンに米油大さじ１（分量外）、キッチンバサミで１cm幅に切ったベーコン、にんにくを入れて中火でカリッとするまで炒める。
2. ボウルに**A**と**1**を入れて混ぜ合わせる。
3. 鍋に湯を沸かし、そうめんを袋の表示通りにゆでて水気をきり、熱いうちに**2**に加えて混ぜる。器に盛り、好みで黒こしょう、ドライパセリをふっていただく。

Point
そうめんは熱いうちに卵液に加えることで、粉チーズが溶けてコクのあるカルボナーラソースに。めんつゆ入りなのでそうめんともよく合います。

はらだ's ひと言コメント

あんのとろみって、あればあるほど幸せ感じちゃいますよね？ ね？

焼いたそうめんに豚肉とチンゲン菜の中華あんがおいしく絡む

具材2つで簡単！ シンプルな皿うどん風

かた焼きそうめん

材料（1～2人分）

そうめん…100g
豚こま切れ肉…100g
チンゲン菜… 1株
塩こしょう（ミックス）…少々

A 〈中華あん〉
片栗粉…大さじ1
めんつゆ（2倍濃縮）
　…大さじ2
鶏ガラスープの素
　…小さじ1
にんにく（チューブ）… 1cm
水…100ml

作り方

1. フライパンにたっぷりの湯を沸かし、そうめんを袋の表示通りにゆでて水気をきる。
2. 空いたフライパンにごま油大さじ1（分量外）を熱し、1を円形に広げ、両面こんがり焼いたら器に盛る。
3. 空いたフライパンに豚肉を入れて塩こしょうをふり、中火で炒める。焼き色がついたらキッチンバサミで4cm長さに切ったチンゲン菜を加えてさっと炒め、混ぜ合わせたAを加え、とろみがついたら2にかける。

Point

そうめんをゆでるのも、そのあと焼いたり具材を炒めたりするのも1つのフライパンで続けてOK。包丁やまな板も使わないので洗い物が減らせます。

しょうゆラーメンが食べたくなったらこれ

鶏ガラそうめん

材料（1～2人分）

そうめん…100g

A 〈スープ〉
- しょうゆ…大さじ2
- 鶏ガラスープの素…小さじ2
- ごま油…少々
- にんにく（チューブ）…2cm
- 水…200ml

B 〈トッピング〉
- ゆで卵、メンマ、小ねぎ（小口切り）…各適量

こしょう…少々

作り方

1. 鍋に湯を沸かし、そうめんを袋の表示通りにゆでて水気をきる。
2. 深さのある耐熱皿に**A**を入れて混ぜ、ラップをかけずに電子レンジ（600W）で2分加熱する。
3. そうめんを加えてスープになじませ、**B**をのせ、こしょうをふっていただく。

Point

そうめんを冷水でしめ、スープに氷を入れれば冷やしバージョンもできます。スープがやや薄まるので、さっぱり食べたいときにオススメ。

はらだ's ひと言コメント

さっぱり食べられて、喉ごしのよさを味わっていたら3口でなくなりますw

つゆをぶっかけ
いろいろのっけて、
全部混ぜたらほらおいしい

安くてうまくて簡単で超ヘルシー！

ぶっかけそうめん

材料（1～2人分）

そうめん…100g
かつお節…1パック（5g）
A めんつゆ（2倍濃縮）、水
…各大さじ1
B 〈トッピング〉
小ねぎ（小口切り）、天かす、
桜えび…各適量
卵黄…1個分
白炒りごま…適量

作り方

1. 鍋に湯を沸かし、そうめんを袋の表示通りにゆでて冷水にとり、水気をきる。
2. 耐熱ボウルにかつお節を入れ、ラップをかけずに電子レンジ（600W）で30秒加熱し、パラパラになったら**A**と**1**を入れて混ぜ合わせる。
3. 器に盛って**B**をのせ、白ごまをふっていただく。

Point
かつお節はレンジで加熱して乾燥させるとパラパラに細かくなります。めんつゆと混ぜたときにダマにならず、おいしいだしに。

豚肉×梅干し×焼き肉のタレが最高においしいトッピング

うま酸っぱい豚肉にそうめんが進む

豚梅そうめん

材料（1〜2人分）

そうめん…100g
豚バラ薄切り肉…100g
梅干し…５個
小ねぎ（小口切り）…適量
塩こしょう（ミックス）…少々
焼き肉のタレ…大さじ１

作り方

1. 鍋に湯を沸かし、そうめんを袋の表示通りにゆでて冷水にとり、水気をきる。梅干しは種を取って刻み、豚肉は食べやすい大きさに切る。
2. フライパンにごま油大さじ１（分量外）を熱し、豚肉を入れて塩こしょうをふり、中火で焼き色がつくまで炒める。小ねぎ、梅干しを加えて炒め合わせ、焼き肉のタレを加えてさっと火を通す。
3. 器にそうめんを盛り、**2**をのせる。

Point

豚肉と梅干しを炒めることでうまみが増し、焼き肉のタレで味もバッチリ決まります。これをゆでたそうめんに絡めて食べると激うま！

そうめんをゆでたらもう完成したも同然！

キム玉そうめん

材料（1～2人分）

そうめん…100g
卵…１個
めんつゆ（２倍濃縮）…大さじ１
A 〈トッピング〉
天かす、白菜キムチ、小ねぎ（小口切り）、刻みのり…各適量

作り方

1. 鍋に湯を沸かし、そうめんを袋の表示通りにゆでて水気をきる。
2. 1が熱いうちに器に入れ、卵、めんつゆを加えて混ぜ合わせ、Aをのせる。

Point

器にゆでたてのそうめん、卵、めんつゆを入れて混ぜれば、そのまま食べられて便利。キムチ以外のトッピングはお好みでアレンジして楽しんで。

栄養もスタミナも満点メニュー

キムチ納豆そうめん

材料（1～2人分）

そうめん…100g
納豆（タレ付き）… 1パック
白菜キムチ…50g
ニラ… 3本
A めんつゆ（2倍濃縮）、
　焼き肉のタレ…各大さじ½
　ごま油…少々

作り方

1. 鍋に湯を沸かし、そうめんを袋の表示通りにゆでて冷水にとり、水気をきる。
2. 納豆は付属のタレを加えてよく混ぜ、ボウルに入れる。キムチ、キッチンバサミで細かく切ったニラ、A、1を加えて混ぜ合わせる。

Point

納豆はよく混ぜてふわふわに泡立てておくのがポイント。ほかの具やそうめんを加えたときに混ざりやすく、味に一体感が出ます。

さっぱり食べやすくつるっと完食

白だしそうめん

材料（1～2人分）

そうめん…100g
大根…⅓本（300g）
ツナ缶…１缶（70g）
白だし…大さじ２
あおさ…好みで適量

作り方

1. 鍋に湯を沸かし、そうめんを袋の表示通りにゆでて冷水にとり、水気をきる。
2. 大根は皮をむいてすりおろし、汁ごとボウルに入れる。ツナを油ごと加え、白だしも加えて混ぜ合わせる。
3. 器にそうめんを盛り、2をかけ、好みであおさをふっていただく。

Point

大根のおろし汁やツナの油はうまみと栄養の宝庫。捨てずにムダなく使います。汁気があるほうがそうめんと絡んで食べやすいのでオススメです。

ひき肉とニラを手軽に焼き肉のタレで調味

担々そうめん

材料（1～2人分）

そうめん…100g
豚ひき肉…100g
ニラ…３本
塩こしょう（ミックス）…少々
焼き肉のタレ…大さじ２
ラー油…適量

作り方

1. 鍋に湯を沸かし、そうめんを袋の表示通りにゆでて冷水にとり、水気をきる。
2. フライパンにごま油大さじ１（分量外）を熱し、ひき肉を入れて塩こしょうをふり、中火で軽く炒める。キッチンバサミで３～４cm長さに切ったニラを加えて炒め合わせ、焼き肉のタレを加えてさっと火を通す。
3. 器にそうめんを盛り、**2**をのせ、ラー油をかけていただく。

Point

そうめんはゆでたあと冷水にとってしめることで、くっつきにくくなります。時間が経っても麺が固まらないので豚そぼろも絡みやすくておいしい！

これを何も言わないで出されたら、100%ふりかけってバレないw

はらだ's ひと言コメント

ピリ辛のたらこ味に
バターと刻みのりの
トッピングがよく合う

ふりかけとめんつゆで手軽においしく

たらこそうめん

材料（1〜2人分）

そうめん…100g
卵…１個
めんつゆ（２倍濃縮）…大さじ½
A〈トッピング〉
たらこふりかけ（ピリ辛）…小さじ２
刻みのり…適量
バター…５g

作り方

1. 鍋に湯を沸かし、そうめんを袋の表示通りにゆでて水気をきる。
2. 1が熱いうちに器に入れ、卵、めんつゆを加えて混ぜ合わせ、Aのトッピングをのせる。

Point
そうめんが熱いうちに卵などと混ぜ、手早くトッピングのバターをのせて、溶かしながら食べましょう。ふりかけは明太子でもOK。

卵とご飯さえあればいつでも作れる

ごま玉塩おにぎり

材料（3個分）

卵…２個
ご飯…300g
A 白炒りごま、めんつゆ（２倍濃縮）…各大さじ１
ごま油…大さじ½
塩…少々

作り方

1. フライパンに米油大さじ１（分量外）を熱し、溶き卵を流し入れ、中火で半熟に炒めてスクランブルエッグを作る。
2. ボウルにご飯、1、Aを入れて混ぜ合わせ、３等分にして三角に握る。

Point

卵はこんがり焼き色がつくまでは炒めず、半熟程度に留めて。余熱で火が通り、ふんわり食感できれいな黄色に仕上がります。

黒こしょうとにんにくが味の決め手

大人のツナおにぎり

材料（3個分）

ツナ缶…１缶(70g)
ご飯…300g
味付けのり（３切）…３枚

A
- 粉チーズ…大さじ１
- めんつゆ（２倍濃縮）…小さじ１
- 塩…小さじ½
- 黒こしょう…少々
- にんにく（チューブ）…１cm

作り方

1. ボウルにご飯、油をきったツナ、**A**を入れて混ぜ合わせ、３等分にして三角に握る。
2. 味付けのりで巻いていただく。

Point

ツナはご飯がベチャッとしないよう油をきって入れ、やさしく混ぜ合わせて。のりは味付けタイプを食べる直前に巻くとパリッとしておいしいです。

コク深くて
ほんのり甘酸っぱい!
卵黄でまろやかに

はらだ's ひと言コメント

ヤンニョムっぽい味付けが最高!熱々のおにぎりとどうぞ!

調味料を絶妙にブレンドしたスピード麺

油うどん

材料(1~2人分)

ゆでうどん… 1袋
卵黄… 1個分
A
- 焼き肉のタレ…大さじ3
- トマトケチャップ、調味酢(P.11参照)…各大さじ1
- にんにく(チューブ)… 2cm

小ねぎ(小口切り)、ラー油…好みで各適量

作り方

1. 器に**A**を入れて混ぜ合わせる。
2. 鍋に湯を沸かし、うどんをさっとゆでて水気をきる。熱いうちに**1**に加えて混ぜ、卵黄をのせる。好みで小ねぎを散らし、ラー油をかけていただく。

Point

ごま油は使わず、焼き肉のタレの油分にケチャップや調味酢を混ぜて味付けしています。冷凍うどんや生うどんで作っても!

おわりに

～セカンドプロポーズのその後は～

あらためてこの本を手に取っていただきありがとうございます。僕のレシピはいかがでしたか？「セカンドプロポーズ」をひとつの目標として日々発信を続けていましたが、僕はこれから先、何十回、何百回でも可能なかぎり妻にプロポーズをして日々の感謝を伝えていきたいと決意を新たにしています。
この本を制作している段階ではセカンドプロポーズはまだ実行していないのですが、これからも僕のSNSを通して感謝の気持ちを伝える大切さ、家族と過ごす時間の尊さを伝えていきたいと思っています。また、家族のみならず友人や発信活動を応援してくれる人、お仕事でご一緒させていただく人、この本を読んでいただいている皆さんなど、すべての人にしっかり言葉で、感謝の気持ちを伝えていくことを大切にしていきます。今こうして幸せに暮らすことができているのは、たくさんの方が僕と関わっていただき応援してくれているおかげだと思っています。本当に感謝しています。ありがとうございます。

SNSのフォロワーさんからは、「家族に大好評でした！」「子どもがパクパクいっぱい食べてくれました！」「おいしい！って褒めてもらいました！」とコメントをたくさんいただいています。
僕の発信が日頃忙しい皆さんのお手伝いとなり、ご家族の食卓が笑顔で過ごせる時間になるために少しでも役に立っていると思うと、めちゃくちゃうれしいです。いつも応援していただいている人へ恩返しができるような発信を心がけてこれからも頑張っていきます。

１人でも多くの方が幸せな時間を過ごせますように。

2024年11月　**はらだ**

著者：はらだ

プロポーズで大すべりし、人生に後悔を残さないよう妻に最高のプロポーズの思い出をプレゼントしたいと、結婚記念日である12月12日に2回目のプロポーズをすると決意。指輪などセカンドプロポーズの費用を貯めるため、安くて簡単で、そのうえおいしくてヘルシーなやせうまレシピをインスタグラムに投稿し続ける。そのとき冷蔵庫にある食材で代用ができ、子どもからお年寄りまで老若男女問わず大好評。動画レシピは合計1億回以上再生されるなど話題に。ダイエット検定1級プロフェッショナルアドバイザーの資格を持つ。

Instagram　@harada_2nd
YouTube　@harada_2nd
TikTok　@harada_2nd.propose

簡単やみつき幸せレシピ

食費は削っても幸福度は右肩上がり！

2024年12月18日　初版発行

著者　はらだ
発行者　山下　直久
発行　株式会社KADOKAWA
〒102-8177　東京都千代田区富士見2-13-3
電話：0570-002-301（ナビダイヤル）
印刷所　TOPPANクロレ株式会社
製本所　TOPPANクロレ株式会社

●お問い合わせ
https://www.kadokawa.co.jp/（「お問い合わせ」へお進みください）
※内容によっては、お答えできない場合があります。
※サポートは日本国内のみとさせていただきます。
※Japanese text only

定価はカバーに表示してあります。

ISBN 978-4-04-607289-4　C0077